武蔵野線

武蔵野線は、鶴見駅と西船橋駅を結ぶ100.6キロのJR路線である。戦前に山手貨物線のバイパスとして計画され、戦後の1973（昭和48）年にまず府中本町〜新松戸間が貨物・旅客路線として開業した。その後、1976年に鶴見〜府中本町間、1978年に新松戸〜西船橋間が延伸、開業している。また、この本線とともに中央、東北、常磐線などと結ばれた支線も存在する。
1988（昭和63）年には京葉線が開通し、直通運転が実施されるようになった。このため、東京駅、南船橋駅を始発駅とする列車が多い。当初は旅客列車の本数は少なかったが、各地で住宅開発が進んだことで沿線の人口が増加し、現在は首都圏有数の通勤・通学路線となっている。

三郷駅到着の京葉線直通列車。撮影時は新木場までの暫定開業であった。

FUCHU-HOMMACHI St.
府中本町
ふちゅうほんまち

南武線と接続する武蔵野線始発駅で、東京競馬場の玄関口としての機能も

【府中本町駅】	
開業年	1928（昭和3）年12月11日
所在地	東京都府中市本町1-29
ホーム	3面6線
乗車人員	17,321人
キロ程	0.0km（府中本町起点）

現在の府中本町駅

1973年（昭和48年）

撮影：荒川好夫（RGG）

始発駅となる武蔵野線が加わったことを記念して、府中本町駅のホームでは開業記念列車の出発式が実施された。駅長をはじめとする関係者が集まってテープカットが行われ、くす玉が割られている。

　府中本町駅は、武蔵野線旅客駅の始発駅である。山手貨物線の代替ルートとして計画された武蔵野線の起点は横浜市の鶴見だが、定期的な旅客運行があるのは府中本町～西船橋間のみ。このため鶴見から武蔵野線に入った貨物列車はそのまま通過して行く。広い構内には南武線が乗り入れており、3面4線あるホームの1番線と4番線が南武線、島式の2・3番線を武蔵野線が使用。南武線が武蔵野線と貨物通過線を挟む形で構成されている。
　もともと府中本町駅は旧南武鉄道が1928（昭和3）年に開設した駅だ。国有化で国鉄南武線となったが、2面3線の小さな駅はそのまま使われた。周辺は田園地帯であったが、1933（昭和8）年、駅南東に東京競馬場が開設され、開催日には狭いホームに人があふれた。このギャンブル客を目当てに、府中本町駅の横に下河原線の東京競馬前駅も新設されたが、1943（昭和48）年3月31日、武蔵野線が開業される前日に廃線となった。
　現在も東京競馬場入口としての役割が大きい府中本町駅は、南武線との相互乗換客で混雑するので、大勢の乗客を安全に送迎することに特化した駅の構造が特徴だ。高架駅のスペースも広く、競馬場まで長い屋根付き歩道橋が設置されている。正規の改札口の自動改札機は6基だが、競馬場への臨時改札口が10基が並んでいる。
　府中から分倍河原一帯は、大化の改新によって国府が置かれた地。中世には武蔵国の政治・文化・経済の中心地として栄え、この地が「本町」と呼ばれていた。また富士山まで見渡せる景勝地でもあることから徳川家康が府中御殿を築き、鷹狩りでたびたび訪れていたという。駅周辺には、大國魂神社をはじめ歴史的な見どころも多く、これらの古い歴史が「府中本町」という駅名の由来だ。駅前にはその説明の碑が設置されている。

懐かしい沿線写真で訪ねる

武蔵野線
街と駅の半世紀

山下ルミコ

1993年（平成5年）

前面表示幕を埋め、助手席の小型表示器で列車番号を記した103系電車。

撮影：森嶋孝司（RGG）

CONTENTS

府中本町	6	北朝霞	28
北府中	12	西浦和	32
西国分寺	16	武蔵浦和	36
新小平	18	南浦和	40
新秋津	20	東浦和	44
東所沢	24	東川口	50
新座	26	南越谷	54

1983年(昭和58年)
◎吉川～越谷貨物ターミナル　撮影：荒川好夫(RGG)

越谷レイクタウン	58	新八柱	82
吉川	60	東松戸	84
吉川美南	64	市川大野	86
新三郷	66	船橋法典	88
三郷	68	西船橋	90
南流山	74		
新松戸	78		

武蔵野線の年表

日付	内容
昭和27(1952)年5月27日	首都外郭環状線計画の一環として、所沢から浦和、流山を経て我孫子に至る鉄道の建設について、埼玉県が鉄道建設審議会に申請を行う。
昭和30(1955)年9月2日	埼玉県において「首都外郭環状鉄道(玉葉線)建設県期成同盟会」が結成され、早期着工を求める陳情が展開された。
昭和32(1957)年4月3日	鉄道建設審議会において、玉葉線(現・武蔵野線)の建設が決定される。
昭和39(1964)年4月	日本鉄道建設公団に対し、運輸大臣が武蔵野線の基本計画を提示して実行を指示する。
昭和40(1965)年12月17日	南浦和駅において武蔵野線の起工式が開催される。
昭和48(1973)年4月1日	武蔵野線の府中本町～新松戸間において旅客営業が開始される。新小平～国立間、西浦和～与野間、南流山～北小金間、南流山～馬橋間に貨物支線が開業する。
昭和49(1974)年10月1日	武蔵野操車場が開場する。
昭和51(1976)年3月1日	貨物支線の新秋津～所沢間が開業。鶴見～府中本町間に貨物専用線が開業。梶ヶ谷貨物ターミナル駅が開業。府中本町～北府中間で貨物営業が開始する。
昭和51(1976)年9月20日	北府中～下河原間の貨物支線が廃止となり、下河原駅が廃止される。
昭和53(1978)年10月2日	新松戸～西船橋間が延伸開業。新八柱、市川大野、船橋法典の各駅が開業。
昭和59(1984)年2月1日	新鶴見操車場が信号場に降格する。
昭和60(1985)年3月14日	新三郷駅が開業する。
昭和60(1985)9月30日	武蔵浦和駅が開業する。
昭和61(1986)年11月1日	武蔵野操車場が廃止される。
昭和62(1987)年4月1日	国鉄分割民営化により武蔵野線はJR東日本が継承し、JR貨物が第二種事業者となる。
昭和63(1988)年12月1日	京葉線新木場～蘇我間が開業し、同線経由での新木場駅、南船橋駅への乗り入れを開始する。
平成元(1989)年7月1日	武蔵野線経由で小山～横浜間の快速「ホリデーヨコハマ」号が運転を開始する。
平成3(1991)年12月1日	205系電車が導入される。
平成9(1997)年3月22日	秋田新幹線の開業に伴い、八王子・府中本町～大宮間で快速「こまちリレー」号が運転を開始する。同年10月に「新幹線リレー」号と改称される。
平成10(1998)年3月14日	東松戸駅が開業する。
平成13(2001)年10月	快速「新幹線リレー」号が「むさしの」に改称される。
平成20(2008)年3月15日	越谷レイクタウン駅が開業する。
平成22(2010)年12月4日	「むさしの号」が定期列車化され、武蔵野線内では各駅停車となる。「しもうさ号」が運転を開始する。
平成24(2012)年3月17日	吉川美南駅が開業する。
平成25(2013)年3月16日	東京駅直通列車を全区間各駅停車化する。平日日中の運転本数を毎時6本に増発する。
平成26(2014)年9月17日	臨時特急「むさしのかいじ」が運転を開始する。

三郷から江戸川の鉄橋を渡り南流山へ向かう6連の103系。その後混雑緩和を図るため1996年12月から武蔵野線はオール8連化された。

府中本町を発車して行く103系。正面窓の更新、前照灯のシールドビーム化、冷房装置取り付け等の改造が施工されている。運転室扉横に白地のJRマークが添記されている。

古地図探訪

1975年／府中本町駅付近

地図上には、国鉄の南武線とともに、1973年に開業した武蔵野線が見える。府中本町駅を起終点として、北に延びる武蔵野線は地下区間である。一方、東京砂利鉄道として開業した古い歴史をもつ下河原線（旧中央線支線、武蔵野線貨物支線）は、この年9月に廃止される。上側には京王線が走り、西側で南下して南武線と交差する。ここには、連絡駅となる分倍河原駅が置かれている。府中本町駅の南西には、日本中央競馬会（JRA）の東京競馬場があり、その南側を中央自動車道が通っている。また、サントリー武蔵野工場も見える。

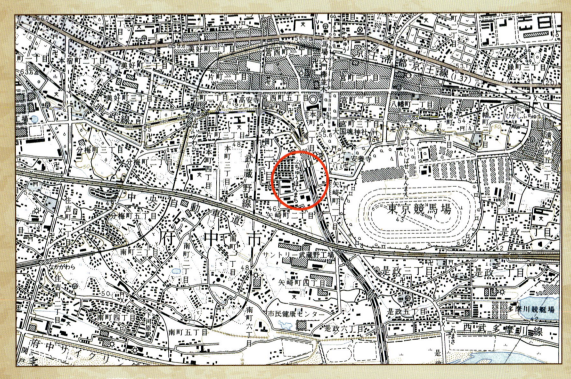

1999年（平成11年）

府中本町駅に停車する快速「新幹線リレー号」。八王子と府中本町～大宮間を中央線、武蔵野線経由で、1998年から2001年まで運転していた。

撮影：米村博介（RGG）

小山～鎌倉間を武蔵野線経由で運転した「ホリデー快速鎌倉」。1990年に運転を開始して以来、2013年まで115系が担当した。貫通扉部分に「ホリデー快速」と書かれたヘッドマークを掲出していた。

2013年（平成25年）

南越谷から横浜・鎌倉まで武蔵野線、東海道線、横須賀線経由で結ぶ「ホリデー快速鎌倉」が185系で運行されるようになった（写真は埼玉県内で撮影）。

2016年（平成28年）

現在

EH200形が牽引するタンク車を連ねた列車は燃料輸送の専用列車だ。山岳路線用の機関車は、上越線から途中の拠点駅で牽引機を交代することなく、長距離運用を1両で受け持ち、首都圏へ乗り入れて来る。

2012年（平成22年）

コンテナ貨物列車を牽引するEF81形。武蔵野線内では日常的に見ることができた。

現在

北府中方のトンネルを抜けて府中本町駅に進入する貨物列車。先頭に立つのはEF66形100番台車。当駅より先で武蔵野線は首都圏貨物輸送の要である鶴見駅まで貨物線となる。

現在

タンク車を牽引するEF65形。重厚な走りがファンを魅了し、いまも数多くの鉄道ファンが撮影に武蔵野線を訪れる。

南武線立川方面

南武線川崎方面

カーブする南武線に対して、武蔵野線は真っすぐ上(北)側に延び、すぐ北側からは地下区間となっている。右上には、府中市役所の庁舎が見える。1954年に府中町と多磨村、西府村の1町2村が合併して府中市が誕生し、府中本町駅の北東、都道229号沿いに市役所が置かれた。この南東(写真外)には、大国魂神社が鎮座している。右側を走るのは都道9号(府中街道)で、駅の東側で都道18号(府中町田線)が分岐している。この時期、駅の東西にはまだ更地が残っていた。

KITA-FUCHU St.

北府中
（きたふちゅう）

東芝府中工場の
専用口が設けられた駅
府中街道が走る駅近くは三億円事件の舞台

【北府中駅】	
開業年	1973（昭和48）年4月1日
所在地	東京都府中市晴見町2-27-2
ホーム	1面2線
乗車人員	15,136人
キロ程	1.7km（府中本町起点）

1986年（昭和61年）

撮影：松本正敏（RGG）

橋上駅舎が府中街道（都道17号）の歩道橋と一体化している北府中駅。線路を越えた反対側の東芝府中事業所とも結ばれており、現在は一般乗客も利用することができる。

　府中本町駅を出た電車はすぐに府中トンネルに入り、市街地をくぐり抜けて地上に出る。車窓左に下河原線の旧線路や駅を通過して南下する貨物線、東芝府中事業所への引き込み線などが見えて来ると北府中駅に着く。

　改札口の東側に出ると、武蔵野線と並行する府中街道（都道17号所沢府中線）が目の前に。街道を挟んで斜め向かいに府中刑務所がある。その北側の通りは、迷宮入りで時効になった"三億円事件"の舞台。刑務所の目と鼻の先で起きたの事件だった、というのも皮肉な話だ。

　この府中街道側にある駅前のバス停は「東芝前」。本来なら「北府中駅前」となるべきだが、北府中は東芝の町。事業所内の町名も「府中市東芝町」になっている。ホーム西側に隣接して東芝の府中工場があり、改札口西側の長い跨線橋は、いわば「東芝専用口」につながっている。出入口の階段までは一般客も通行できるが、出勤時には、東芝専用口のシャッターが臨時に開かれる仕組みで、一般客はこの専用口からは出ることが出来ない。そう言えば、1968（昭和43）年12月に起きた三億円事件も東芝社員に支給されるボーナスが強奪されたのだ。

　周辺は、かつての農耕地区から静かな文教住宅地に成熟。北府中駅付近の日本製鋼所東京製作所跡地には府中インテリジェントパークが完成、新しい街のランドマークとなった。製作所解体作業時の発掘調査で、この場所が武蔵国国府の北限部分であることが明らかになった。

古地図探訪

1955年／1975年／北府中駅付近

現在は武蔵野線にある北府中駅周辺の地図2枚で、1955年と1976年のものである。左側の地図では下河原線の富士見仮乗車場と表示され、右側の地図では北府中駅となっている。一旦は北府中信号所に降格したものの1956年に駅に昇格。1973年に武蔵野線が開通し、同線の駅となった。駅の東側には府中刑務所が存在。西側には東芝（東京芝浦電気）府中工場が存在している。また、この南側はビクターオート工場であったが、後には日本製鋼所に変わっている。

1955年

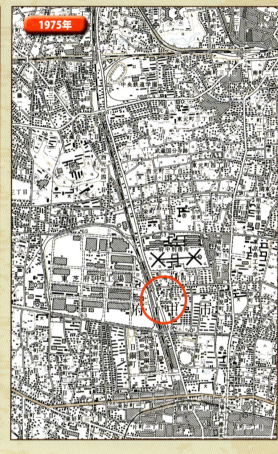
1975年

1963年（昭和38年）
撮影：荻原二郎
下河原線当時の北府中駅に停車するクモハ40形電車。ふだんは1両で国分寺駅と東京競馬場前駅を往復していた。

現在
約30年前に撮影された左ページの駅舎とほとんど変わっていない。

現在
武蔵野線の主力となっている205系。現在のところ、武蔵野線への新車投入は具体化されていない。

13

府中街道に沿って走る武蔵野線に、北府中駅が置かれている。左（西）側には、巨大な東芝府中事業所（工場）の敷地が広がっている。この東芝府中事業所では、戦前から鉄道車両の製造が行われており、北府中駅構内から専用線が延び、鉄道車両などの搬出に使用されてきた。また北府中駅には、線路を越えて西側に延びる跨線橋の先に東芝専用口が設けられている。駅の南側、晴見町2丁目には、武蔵野線を跨ぐループ状の道路が見える。一方、右上には府中刑務所が存在している。

NISHI-KOKUBUNJI St.
西国分寺
中央線との連絡で街も目に見えて発展
史跡・武蔵国分寺跡の最寄り駅となる

【西国分寺駅】	
開業年	1973（昭和48）年4月1日
所在地	東京都国分寺市西恋ヶ窪2-1-18
ホーム	各2面2線（地上・高架）
乗車人員	29,300人
キロ程	3.9km（府中本町起点）

武蔵野線開業に合わせて開業した西国分寺駅。

1985年（昭和60年）

西国分寺駅に入線する101系。「臨時」の列車表示を掲出している。路線内に長大トンネルを持つ武蔵野線では開業当初、地下路線に乗り入れる基準を満たした101系1000番台車が使用された。

撮影：山田虎雄

　1973（昭和48）年4月、武蔵野線の開通に伴って中央線にも西国分寺駅が新設された。東京〜高尾間では最も新しい駅である。これまでこの区間には、高円寺、吉祥寺、国分寺と「寺」の字の付く駅が3つもあったが、西国分寺駅が加わったことにより、4つになった。

　中央線と直角に交差する武蔵野線の西国分寺駅は、中央線の国分寺〜国立間の切り通し区間内に設置された。駅舎は、中央線の線路上に設けられた橋上駅で、南北の自由道路も兼ねている。当然ながら乗り換え客が多いので、電車が到着するたびに連絡階段は混雑する。過密運転の中央線から運転間隔が長い武蔵野線へ乗り換えもその要因になっているようだ。しかし乗り換え駅の機能とともに西国分寺周辺の利便性も年々高まった。特に広い駅前広場のある南口は、スーパーをはじめ、銀行や商業ビルが並び、団地やマンションなどが増えた。バス便も多くなるなど街は目に見えて発展している。

　国分寺の地名の由来は、奈良時代に聖武天皇が造営した武蔵国分寺にちなむもので、その遺跡は国分寺駅からよりも西国分寺駅からのほうが近い。武蔵国分寺の造営地に選ばれたのは、国府であった府中北方の平地であったことと、東西に連なる丘の麓から湧く豊かな清水に恵まれていたことなどが建立の条件にかなった、とみられている。全国の国分寺跡と比べても規模が大きい武蔵国分寺跡は、大正11年に国指定史跡に選ばれている。

古地図探訪

1972年／西国分寺駅付近

開通した武蔵野線が中央線と交差する地点に西国分寺駅が開業している。この当時は、南西に国分寺駅方面との連絡線が存在していた（下河原線の名残り）。現在は、北西に国立方面との貨物支線（国立支線）が通っている。また、南西には国鉄の教育施設である「中央鉄道学園」が存在した。この学校施設は、鉄道院時代の「鉄道院職員中央教習所」がルーツで、1961年に「中央鉄道学園」となり、1987年の国鉄民営化の際に閉鎖され、敷地は売却された。現在はマンションや公園などに変わっている。

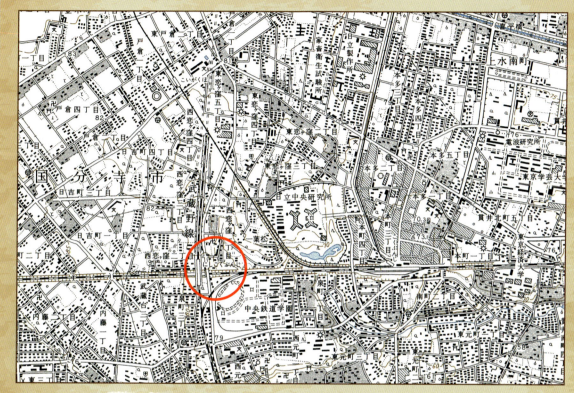

1974年（昭和49年）

左（西）側を走る府中街道とともに延びる武蔵野線に1973年、西国分寺駅が開業した。この駅は左下から右上に延びる中央線の連絡駅となった。西国分寺駅の上（南西）側には、都営泉町三丁目アパートが規則正しく建ち並んでいる。この当時、駅との間には駐車場と小さな家屋が見えるが、現在は西国分寺レガ、東武ストアにしこくマインが誕生している。左下に広がる中央線沿いの緑の木々は、現在もそのまま残されている。

提供：朝日新聞社

SHIN-KODAIRA St.

新小平
しんこだいら

小平と東村山のトンネルに挟まれた、武蔵野台地の中心に位置する堀割の駅

【新小平駅】
開業年	1973（昭和48）年4月1日
所在地	東京都小平市小川町2-1960
ホーム	2面2線
乗車人員	11,429人
キロ程	7.4km（府中本町起点）

1984年（昭和59年）

ブリヂストン東京工場
ブリヂストン社宅
新小平駅
府中本町方面

開業を約1か月後に控えた武蔵野線の新小平駅である。この区間は下側が小平トンネル、上側が東村山トンネルとなる地下区間で、新小平駅は堀割の中に相対式2面2線のホームを有する構造となっている。奥にはブリヂストン東京工場があり、その手前には同社の社宅が見える。さらに奥には西武拝島線が通っている。一方、駅の手前側には青梅街道が走っている。やや右上、道路の右側に見える2つの大きな建物は、小平郵便局と第一屋製パン小平工場である。

提供：朝日新聞社

貨物輸送の「バイパス線」として営業を開始した武蔵野線であるため、貨物列車を目にする機会が多い。

トンネルを出るとすぐに新小平駅のホームがある。「メルヘン顔」とも呼ばれる個性的な前面形状の205系0番台車は、武蔵野線の体質改善を狙って投入された、当路線生え抜きの車両である。

平成3（1991）年10月11日夜、台風の影響による豪雨で地下水が流入しホーム面まで冠水したため、当駅が使用不能になったことがある。

古地図探訪　1975年／新小平駅付近

中央付近を東西に横切る青梅街道の上（北）側にちょこんと顔を出しているのが新小平駅である。この区間の武蔵野線はトンネル区間で、駅だけが地上に出る形である。やや斜めに走る武蔵野線の東西には、西武多摩湖線と西武国分寺線が南北に真っすぐ走っている。新小平駅の右（東）側には青梅街道駅、左（西）側には小川駅が存在し、小川駅からは西武拝島線も分岐している。また、下（南）側には、多摩湖線に一橋学園駅、国分寺線には鷹の台駅が置かれている。

　高架駅の西国分寺駅から下り、小平トンネル（2,563メートル）に進入。トンネル内で中央線国立駅からの国立支線と合流するが、乗客のほとんどが気がつかない。トンネルを出て、旧青梅街道をわずかに越えたところで掘削の中の新小平駅に到着。駅舎は小平トンネルの上にあるが、ホームは半地下。下り方向を見ると、東村山トンネルの坑口が迫っている。つまり、新小平駅は、小平トンネルと東村山トンネル（4,381メートル）の間に位置しているのだ。

　堀割のホームは両側がコンクリート擁壁でやや窮屈な感じだが、朝夕は駅周辺に点在する大学や高校の学生たちであふれ、明るい雰囲気が漂う。切り通しの底にあるホームから改札口に登ると、駅前広場のすぐ前をケヤキ並木が残る青梅街道が走り、少し奥に入ると緑豊かないわゆる"武蔵野"の面影が残っている。

　もともとこの辺り一帯は、1883（明治16年）に青梅街道を馬車が通り、1894（明治27）年に川越鉄道川越線（現・西武国分寺線）が開通、1927（昭和2）年には村山線（現・西武新宿線）、翌年には多摩湖鉄道（現・西武多摩湖線）が開通し、人家も比較的多いところだった。

　また新小平の駅は、小平市内に唯一存在するJR線の駅で、市役所をはじめ、保健所、警察署、電報電話局、郵便局などが集まり、市の心臓部になっている。西武多摩湖線青梅街道駅まで5分、西武国分寺線と拝島線の小川駅までも10数分と近い。市役所の辺りから、鎌倉街道とクロスし西武国分寺線を越えて玉川上水寺橋方面へ向かう道は、江戸時代尾張徳川家の鷹場に通じた道で、「鷹の道」「鷹野街道」と呼ばれている。

SHIN-AKITSU St.
新秋津
しんあきつ

東村山・清瀬・
所沢の3市の境に存在
西武池袋線の秋津駅と徒歩5分で連絡

【新秋津駅】

開業年	1973(昭和48)年4月1日
所在地	東京都東村山市秋津町5-25-50
ホーム	2面2線
乗車人員	37,303人
キロ程	13.0km(府中本町起点)

1973年(昭和48年)

撮影:山田虎雄

1973年に開業した新秋津駅。「48・4・1祝開駅　武蔵野線新秋津駅」の看板が取り付けられている。駅の構内ではまだ整備工事が続けられていた。

　武蔵野線が西武池袋線と十字にクロスし、武蔵野線の新秋津駅は、西武池袋線の秋津駅とほぼ直角で向き合う位置に設置された。1917(大正6)年開業の秋津駅は、東村山市・清瀬市・所沢市(埼玉県)の3市の境にあり、ホームが東村山市と清瀬市に跨がるという珍しい駅だ。周辺は静かな農村地帯だったが、すぐ北側の所沢市に住宅が建ち並び、武蔵野線が開通すると駅前に飲食店が出来、新秋津駅と秋津駅までの間は賑やかになった。
　新秋津の駅舎は、隣駅の新小平駅同様に深い堀の底を走る線路を地上で跨いでいる。開通前は、新小平駅のほうが市の中心部に近いので乗降客数が多いのではないかと予想されたが、結果は新秋津駅のほうが多く、1日2万人を超す。やはり西武池袋線の連絡で乗り換え客が多いからだ、と見られている。しかし、新秋津駅と秋津駅の間は徒歩で5分(400メートル)かかり、西武池袋線の急行などは通過して行くので、路線同士の接続が良いとは言えない。乗り換え駅としては不便さが残る。
　武蔵野線新秋津駅の西側には秋津神社が鎮座する。ケヤキの大木がある境内に建つ社殿は鉄筋で、三面に見事な透かし彫りが施されている。建物の中に間口6尺、奥行き5尺の小さな本殿があり、外から透かして見えるようになっているのだ。また神社の中には、今でもコンコンと水が湧いているヒョウタン池もある。
　この秋津神社から西武新宿線の東村山駅方向に歩いて行くと志木街道にぶつかる。志木街道は所沢街道との交差地点から府中街道と名を変えている。

古地図探訪

1970年／新秋津駅付近

武蔵野線が開通し、西武池袋線と交差する場所に新秋津駅が開業している。既に池袋線には、連絡駅となる秋津駅が存在していた。この新秋津、秋津駅のある場所は、東京都東村山市、清瀬市、埼玉県所沢市の境界近くであり、北側は所沢市、東側は清瀬市となる。清瀬市の野塩1丁目には野塩団地があり、その北東には明治薬科大学のキャンパス、薬用植物園が存在する。地図の北側には、小金井街道（埼玉県道6号）が走る。左上には所沢駅が存在し、西側に所沢の市街地が広がっている。

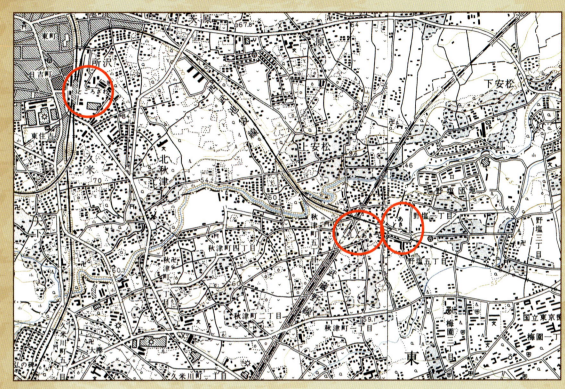

1997年（平成9年）

大宮で東北、上越新幹線に接続する利便性を強調すべく、「秋田新幹線こまちリレー号」のヘッドマークを掲げた武蔵野線の快速列車。三鷹電車区（現・三鷹車両センター）所属の165系で運転した。しかし晩年は車両の老朽化で新潟、長野、松本区の車両が運用を受け持った。

撮影：武藤邦明（RGG）

1965年（昭和40年）

西武池袋線秋津駅の旧駅舎時代。駅前には公衆電話の電話ボックスと木製のベンチが置かれていた。

提供：西武鉄道

秋津神社
新秋津駅
府中本町方面

この年に武蔵野線の駅として開設された新秋津駅が左上に見える。この駅は掘割駅であり、駅舎の右側に相対式のホームを結ぶ跨線橋が見える。一方、上下方向に走る西武池袋線には、地上駅である秋津駅が置かれている。両線は西武線が武蔵野線の上を跨ぐ形である。この新秋津駅は東京都東村山市に存在するが、秋津駅は東村山市と清瀬市、埼玉県所沢市の境界線上に置かれている。写真の上側は東村山市、下側は清瀬市であり、右側中ほどは所沢市となっている。

HIGASHI-TOKOROZAWA St.
東所沢

所沢市内の東端に位置する閑静な地域
武蔵野線と同時に開設された電車区も

【東所沢駅】
開 業 年	1973（昭和48）年4月1日
所 在 地	埼玉県所沢市東所沢5−21
ホ ー ム	2面4線
乗車人員	15,418人
キ ロ 程	15.7km（府中本町起点）

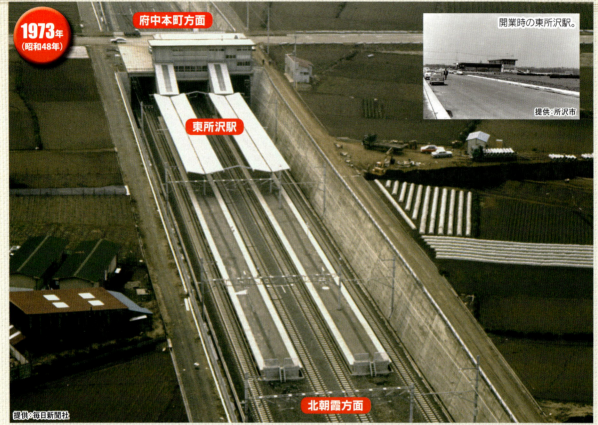

1973年（昭和48年）
府中本町方面
東所沢駅
北朝霞方面
提供：毎日新聞社

開業時の東所沢駅。
提供：所沢市

一直線に進む武蔵野線に置かれている東所沢駅で、地下の掘割部分に島式2面4線のホームをもつ構造となっている。手前（下）が新座駅方向、奥（上）が新秋津駅方向である。この駅付近で、左（南）側（写真外）を並行して走っている埼玉県道179号は、上側で武蔵野線の線路を跨ぐ形になっている。現在は駅の取り付け道路の手前側の両方に駅前ロータリー、バス乗り場が設けられているが、この当時はまだ存在していない。駅の周辺はほとんどが農地である。

　計画段階では、駅名を「新小平」や「新秋津」と同じく「新所沢」にする予定だったが、西武新宿線に新所沢駅があり、やむなく建設中仮称で付けていた「東所沢」が正式駅名として決まった。
　この駅からは埼玉県だ。駅舎は新小平駅、新秋津駅と同様に堀割の上に設けられ、駅前には広場があり、よく整備されている。所沢市内の東の端で、武蔵野線が開通するまでは交通の不便なところだった。しかし現在はバス路線も多くなり、利便性が高まった。
　駅周辺は閑静な住宅地で、日大芸術学部所沢校舎、淑徳大学（埼玉キャンパス）などの最寄り駅になっている。また、駅の北東には東所沢電車区がある。電車区は、1973（昭和48）年4月1日の武蔵野線開業日と同じ日に開設されたもので、現在、配属が京葉車両センターにある武蔵野線の電車はこの電車区の車庫を滞泊基地として使用している。
　意外に知られていないが、東所沢は、埼玉で初めてサツマイモが栽培された地である。東所沢駅から北に2キロ、国道463号（浦和所沢バイパス）と関越道路に挟まれた一画にある吉田家の入口に「南永井さつまいも始作地之碑」が建ち、埼玉県史跡の一つになっている。吉田家の先祖弥左衛門さんは、埼玉サツマイモ事始めの祖。江戸時代から「川越イモ」として知られているイモももともとはこの所沢一帯で栽培されたものである。

古地図探訪

1972年／東所沢駅付近

この付近の武蔵野線は、埼玉県道179号と交差する形で北西へ進んでゆく。この当時の東所沢駅付近は、開発される前であり、周辺はほとんどが農地であった。この駅の北東には、東所沢電車区が置かれている。ここは、配置車両が存在しない電車の滞泊基地となっている。駅の北西には、所沢市の下水処理場、塵芥焼却場があったが、旧所沢浄化センターは2012年に廃止となった。その東側には、東所沢公園となっている。地図の南側は清瀬市であり、清瀬市役所が見える。

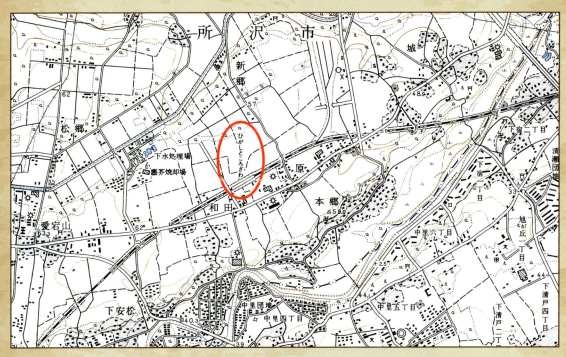

115系で運転していた時代の「ホリデー快速鎌倉」。小山電車区（現・小山車両センター）から豊田電車区（現・豊田車両センター）へ受け持ちが変わった当初は、ヘッドマークを掲出しない期間があった。

現在
新秋津方向から東所沢に向かい貨物列車が疾走する。写真のEH500形電気機関車は平成9（1997）年から登場した交直流型電気機関車。

東所沢駅の新座寄りに東所沢電車区があるため、当駅始発や終着の列車がラッシュ時を中心に多数設定されている。

現在

25

NIIZA St.
新座
にいざ

武蔵野線と同時開設された大貨物駅や
武蔵野の原形を残す平林寺がシンボル

【新座駅】

開業年	1973（昭和48）年4月1日
所在地	埼玉県新座市野火止5－3－11
ホーム	2面2線
乗車人員	20,270人
キロ程	19.7km（府中本町起点）

1993年（平成5年）

1973年4月1日に武蔵野線の旅客営業区間である府中本町～東松戸間の開業と同時に営業を始めた新座駅。武蔵野線で府中本町から当駅までは
JR東日本八王子支社の管轄である。

撮影：山田虎雄

　東所沢駅を出た電車は、やっと堀割から平地に出て、緑が多く残る新興住宅地をひた走る。新座市は埼玉県の最南端で、市のほぼ全域が武蔵野台地にあり、自然環境が豊かだ。ベッドタウンとしても注目されている。
　また、川越街道や関越自動車道が近いことから、武蔵野線開業と同時に新座貨物ターミナル駅も設置された。全国でも数少ない土盛高架上の大貨物駅で、145,000㎡もある敷地の一部は東京の清瀬市にも広がっている。
　構内には、大量の貨車やコンテナ、牽引の電気機関車、入れ換えのディーゼル機関車などが並び、その様子は武蔵野線の電車の中からも眺められる。
　駅近くには、裏山に広大な武蔵野の自然林を残す平林寺がある。この寺は南北朝時代に創建された臨済宗妙心寺派の禅寺。自然林は国の天然記念物に指定されており、新座市のシンボル的存在だ。また境内には玉川上水の分水である野火止用水が流れている。
　玉川上水は、老中筆頭で川越城主でもあった松平伊豆守信綱が、人口の増えた江戸への飲料水を供給するために1654（承応3）年に完成させた上水。これを現在の小平市付近から分水し、志木市の新河岸川に至る25キロメートルが野火止用水として使われた。平林寺の本堂近くには、松平信綱公一族の墓所がある。
　平林寺総門前を東へ抜け、市役所前を通って旧川越街道をへ向かう約2キロメートルの道はかつての参道。旧川越街道の入口には、江戸名所図会にも描かれた「金鳳山平林寺」の石標が建っている。

古地図探訪

1972年／新座駅付近

旧川越街道（埼玉県道109号）と川越バイパス（国道254号）が並んで通る場所に開通したばかりの武蔵野線新座駅がある。この新座駅が置かれたのは、新しい国道（バイパス）の沿道東側で、南西には十文字女子短大（現・十文字学園大学）のキャンパスが存在する。武蔵野線の線路との中間には、不二家埼玉工場が存在する。一方、駅の西側には、新座貨物ターミナル駅が置かれている。このホーム北側には1999年、総合物流施設「エフ・プラザ新座」がオープンしている。この西側には、関越自動車道が通っている。

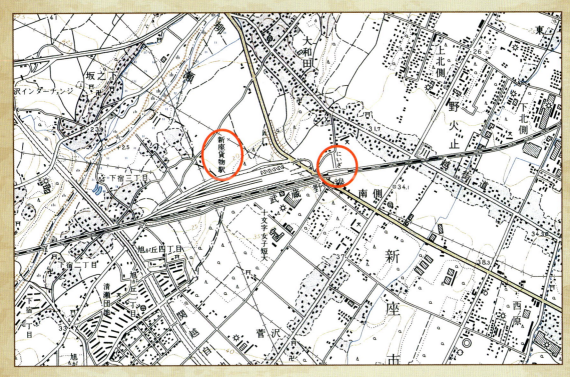

1971年（昭和46年）

緩やかにカーブする路線となっている、武蔵野線（高架線）の建設が進んでいた新座市野火止付近。現在もこの駅周辺には農地が残されている。

EF65形に牽引されたコンテナ列車は、分岐器付近がきつめのSカーブとなっている「中線」に入ることなく、ホームに沿った本線を悠々と通過して行った。

現在

EH500形は東北本線を主に運用される強力機。途中駅で機関車を交換せずに、東海道方面へ直通する貨物列車を牽引して武蔵野線内を行き交う。

現在

KITA-ASAKA St.

北朝霞
きたあさか

東武東上線の
連絡駅で乗り換えもスムーズ
武蔵野線内では３番目に利便性が高い駅

【北朝霞駅】	
開業年	1973(昭和48)年4月1日
所在地	埼玉県朝霞市浜崎１－１－11
ホーム	1面2線
乗車人員	70,145人
キロ程	22.8km（府中本町起点）

1973年

1973年４月、高架駅として開業した北朝霞駅。普及し始めた自動券売機の前には多くの利用者が集っている。この当時、最低区間は30円であった。

現在

北朝霞駅と東武東上線の朝霞台駅は広い駅前ロータリーに面して隣り合っている。

現在

北朝霞駅の入口は高架線の下に設けられている。

　府中本町方面から堀割を通ってきた武蔵野線も、新座駅からは眺めのよい高架線を走るようになる。北朝霞駅に近づくとビルやマンション群が増え、下に複々線の東武東上線が見えて来ると、北朝霞駅に到着する。

　北朝霞駅は東武東上線との連絡駅で、東上線側の駅名は「朝霞台」だ。この駅は武蔵野線の開設に伴って新設された駅で、武蔵野線が開通した翌年の1974（昭和49）８月６日に営業を開始している。北朝霞駅から朝霞台駅へ乗り換えるには、一度改札を出なければならないが、屋根のある歩道が設けられているので、雨の日でも濡れずに行き来できる。

　駅前の広場は広々と整備されており、飲食店や居酒屋などが入る雑居ビルも並んでいるので、寄り道の誘惑に駆られる。駅前のバス停からは朝霞市内、志木市内、東京のひばりヶ丘、東久留米方面行きの路線バスがたくさん出ており、羽田空港行きの高速バスもあり、ちょっとした交通の要衝になっている。東武東上線は、池袋方面だけでなく、地下鉄有楽町線の新木場方面、副都心線の新宿・渋谷方面への直通もあり、武蔵野線内では、西船橋、南越谷に次ぐ利便性の高い駅だ。

　武蔵野線や東武東上線の駅が出来るまでは、眼下に黒目川が流れる丘陵地帯で、一面に田んぼが広がるのどかな景観だった。江戸時代には尾張徳川家の鷹場があり、朝霞台駅近くにある氷川神社の拝殿前にはそれを示す２本の小石碑が立っている。また、北朝霞駅から徒歩20分ほどのところにある東円寺は、平安時代に中興されたと伝えられる古刹で、市指定有形文化財の板碑のほか、「弘法大師杖掘の滝」として伝説が残る滝がある。もう少し足を延ばすと、縄文時代の貝塚や中世の城館跡の残る遺跡が整備された城山公園もある。

古地図探訪

1972年／北朝霞駅付近

この1973年4月に国鉄の武蔵野線が開通し、北朝霞駅が開業したものの、東武東上線には連絡駅が置かれていなかった。東武の朝霞台駅が開業するのは翌年（1974年）8月である。この駅の北東には、朝霞浄水場が存在し、さらに北東側を新河岸川が流れている。一方、駅の南側では、支流である黒目川が蛇行しながら流れている。この当時は駅がなかった東武線には、北西の近い場所に志木駅が見える。こちらは1914年開業の古参駅で、周辺には多くの家屋が見られる。

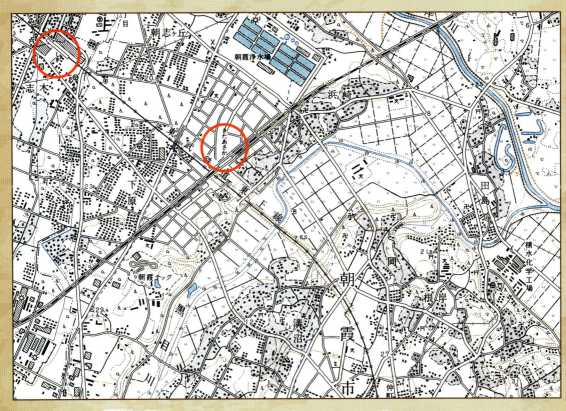

1987年（昭和62年）

撮影：荻原二郎

現在

北朝霞駅は東武東上線との連絡駅（朝霞台）であり、その東上線は東京メトロ有楽町線、副都心線、東急東横線、みなとみらい線と直通運転を行っている。

写真の正面が東武東上線の朝霞台駅。右側の高架が武蔵野線で高架下が北朝霞駅。この構図は現在も変わらない。

新たに誕生した武蔵野線の北朝霞駅ホームには、試運転列車が見える。奥を横切る東武東上線（掘割のため路線は見えない）には、連絡駅は存在していない。東武の朝霞台駅が開業するのは1974年である。右下の北口方面には、農地が広がる中、2本の湾曲した道路が見え、北朝霞公園野球場方向に続いている。この先（写真外）には、朝霞浄水場が存在する。東京都水道局の朝霞浄水場は、1966年に竣工した日本第2位の施設能力を誇る、大規模浄水場である。

NISHI-URAWA St.

西浦和
にしうらわ

首都高速線や
新大宮バイパスに挟まれた要衝駅
ホーム東端からは武蔵野貨物線大宮支線が分岐

【西浦和駅】	
開 業 年	1973（昭和48）年4月1日
所 在 地	さいたま市桜区田島5－10－20
ホ ー ム	1面2線
乗車人員	14,678人
キ ロ 程	27.8km（府中本町起点）

1993年（平成5年）

撮影：森嶋孝司（RGG）

中央線用として登場した201系は、1980年代半ばに実施された首都圏各路線の車両配置見直しに伴い、6両編成で武蔵野線へ充当された。

　1965（昭和40）年、当時の日本住宅公団は、現在は大宮市、与野市と合併してさいたま市になった旧浦和市内に総戸数約1900戸の大規模団地（田島団地）を造成。市内では南浦和団地に次ぐ規模で注目された。広い田畑を造成した団地からのアクセスはバス便だけ。しかし8年後、武蔵野線の西浦和駅が至近距離（近いところは徒歩3分）で開設され、団地の住民たちを喜ばせた。

　武蔵野線の電車は、北朝霞駅から高架をキープしたまま荒川橋梁を渡り、首都高速埼玉大宮線の下をくぐると西浦和駅に着く。高架下には新大宮バイパスが交差し、武蔵野線は首都高とバイパスに挟まれた格好だ。

　ホーム東端からは東北本線に連絡する武蔵野貨物線大宮支線が分岐している。この支線は主に貨物列車が通過するが、府中本町駅・八王子駅と大宮駅間を中央本線・武蔵野線・東北本線経由で運転している「むさしの号」も走る。むさしの号は各駅停車だが、西浦和駅は通過扱いなので、"乗り鉄"を楽しむ鉄道ファンは、北朝霞駅から乗車して大宮駅まで行くようだ。

　ところで鉄道ファンの話題やクイズでもよく出るのは「浦和には東西南北以外にも何種類の駅があるか」ということ。まず1883（明治16）年7月、京浜東北線に出来た浦和駅（県庁所在地）。現在、宇都宮線・高崎線の駅でもある。また、京浜東北線には、1936（昭和11）年9月開設の北浦和駅と、1961（昭和36）年7月に開設された南浦和駅がある。そして、武蔵野線には、西浦和駅、武蔵浦和駅、京浜東北線と交差する南浦和駅、東浦和駅が揃う。これに埼京線の武蔵浦和駅、中浦和駅、埼玉高速の浦和美園まで入れると、なんと浦和には8種類10駅がある。人口増加に伴う結果ではあるが、街が発展しているバロメーターでもある。

古地図探訪

1973年／西浦和駅付近

武蔵野線が開通し、西浦和駅が置かれている。駅のすぐ左（西）側には、首都高速埼玉大宮線・新大宮バイパス（埼玉県道17号）が通っている。地図の左下（南西）には、浦和ゴルフ場（倶楽部）、田島ヶ原さくら草自生地が見える。この付近（西側）には現在、秋ヶ瀬公園が整備され、野球場、テニス場、ラグビー場などが誕生し、さくら草公園も開園している。一方、後に埼京線が開通し、中浦和駅が置かれる付近には別所沼が存在する。現在は別所沼公園として、地域の人々の憩いの場となっている。

府中本町と八王子〜大宮間を武蔵野線経由で結ぶ快速「むさしの」。西浦和のホーム外側を通る分岐線を行く。本列車は西浦和〜与野間で、主に貨物列車が通る大宮支線を経由する。

201系は武蔵野線としては比較的短い期間の運用であったため、あまり印象に残っていないかもしれない。

撮影：小川峯生

南浦和方面

1973年（昭和48年）

手前を横切る首都高速埼玉大宮線を跨ぐ形で武蔵野線が奥に延び、西浦和駅が置かれている。奥では武蔵野線の線路がY字形に分かれ、右側は本線の南浦和駅方向、左側は東北線の与野駅付近まで大宮支線が延びている。また、南浦和駅側から東北線へ通じる西浦和支線が存在し、線路はトライアングル状に見える。その後、1980年に埼京線が開通し、武蔵野線との連絡駅となる武蔵浦和駅が置かれている。左（北）側には、埼玉県道40号が走っている。

提供：毎日新聞社

MUSASHI-URAWA St.

武蔵浦和
（むさしうらわ）

埼京線への乗り換え駅で、副都心に一直線
再開発で駅直結の超高層マンションも

【武蔵浦和駅】	
開 業 年	1985（昭和60）年9月30日
所 在 地	さいたま市南区別所7－12－1
ホ ー ム	2面2線（武蔵野線）、2面4線（埼京線）
乗車人員	51,849人
キ ロ 程	29.8km（府中本町起点）

武蔵浦和駅で2番ホームに103系が入線してきた。1990年代には増加する利用者に対応して車両を8両編成に増強。前面には編成両数を知らせる「8CARS」と記されたステッカーが貼られた。

対向式ホーム2面2線の簡潔な構内構造を持つ武蔵浦和駅の武蔵野線乗り場。西浦和方には東北本線与野、大宮方面へ通じる西浦和支線が分岐する。

いつも賑わっている武蔵浦和駅の改札付近。

　昭和40年の後半に始まった東北・上越新幹線の建設は、大宮以南は地下路線の計画だったが、地盤の関係で高架線案が浮上した。これに怒ったのが沿線住民だ。通過するだけの新幹線は地元にメリットはなく、しかも騒音問題もあり、激しい反対運動が繰り広げられた。

　対応に苦慮した当時の運輸省・国鉄は、その見返り案として、浦和から池袋に至る「通勤新線」の併設を提案した。結局、埼玉県も地元側もこの提案を受け入れ、昭和60年9月30日、大宮～赤羽間の新線と従来の赤羽線（池袋～赤羽間）が一体になった「埼京線」が誕生した。

　武蔵野線の武蔵浦和駅はその埼京線への乗り換え駅として、埼京線開業と同じ日に開設された。駅名に「武蔵」が付いているのは、武蔵野線と接続する、という意味があったが、実際は「東西南北」など、浦和に付ける冠名がすでに飽和状態であった、という事情もある。

　交差駅とは言え、武蔵野線と埼京線のホームはやや離れている。これは旧田島信号場の分岐線が間近にあり、ホーム設置のスペースが確保出来なかったからだ。乗り換えに時間がかかるが、埼京線の優等列車（通勤快速）はすべて停車し、新宿・渋谷直通の利便性もあり、利用者は非常に多い。接続線区の優等系列車が停車するのはJRではこの駅だけになっている。

　武蔵浦和駅は、中央郵便局も隣接するさいたま市南区役所の最寄り駅。駅周辺は、再開発の一環で超高層マンションの建設ラッシュとなり、東側にマンション・オフィス・商業施設からなる地上27階、地下1階の複合施設・ラムザタワーが完成。これに続き西側にはさいたま市内で最も高い、地上38階、地下2階の超高層マンション・ライブタワー武蔵浦和が建てられた。どちらもペデストリアンデッキで武蔵浦和駅とつながっている。

武蔵浦和駅で並んだ大宮行きの快速「しもうさ」と京葉線海浜幕張行き。いずれも京葉線へ乗り入れる列車だ。武蔵野線が首都圏の外周部分を結ぶ、東京メガループの一翼を担っていることを象徴する光景である。

武蔵野線では少数の209系は、京葉車両センターに所属する500番台である。首都圏では房総方面のローカル線を除けば、209系の活躍線区は少ない。

古地図探訪

1954年／武蔵浦和駅付近

地図の左下（南西）に見える白幡沼の左（西）側を中山道（国道17号）が通り、この付近で埼玉県道213号と交差している。その南西に武蔵野線と埼京線が連絡する武蔵浦和駅が置かれることとなる。この白幡沼の東側には、浦和商業高校、白幡中学校が存在する。一方、右上（北東）には東北線が見え、後に武蔵野線と連絡する南浦和駅（地図外右）が置かれる。浦和駅の南側には、高砂小学校、調神社、浦和第一女子高校が存在している。また、左上（北西）には埼玉県庁、豊多摩刑務所が見える。この豊多摩刑務所は現在、さいたま拘置支所となっている。上下（南北）の地域を比較すると、下（南）側に農地が残っていたことがわかる。

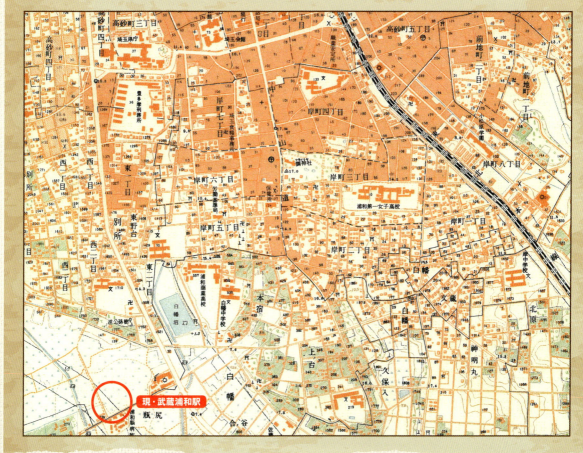

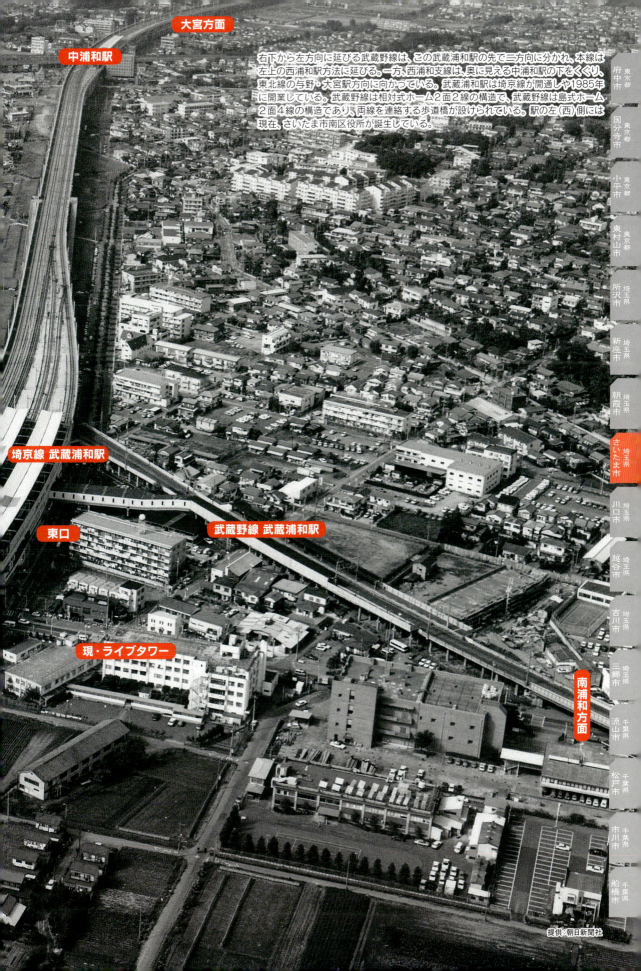

大宮方面

中浦和駅

右下から左方向に延びる武蔵野線は、この武蔵浦和駅の先で三方向に分かれ、本線は左上の西浦和駅方向に延びる。一方、西浦和支線は、奥に見える中浦和駅の下をくぐり、東北線の与野・大宮駅方向に向かっている。武蔵浦和駅は埼京線が開通しや1985年に開業している。武蔵野線は相対式ホーム2面2線の構造で、武蔵野線は島式ホーム2面4線の構造であり、両線を連絡する歩道橋が設けられている。駅の左(西)側には現在、さいたま市南区役所が誕生している。

埼京線 武蔵浦和駅

東口

武蔵野線 武蔵浦和駅

現・ライブタワー

南浦和方面

提供:朝日新聞社

MINAMI-URAWA St.

南浦和
みなみうらわ

京浜東北線と交差し、乗り換え可能駅
浦和競馬場最寄り駅で送迎バスが発着

【南浦和駅】

開 業 年	1961（昭和36）年7月1日
所 在 地	さいたま市南区南浦和2-37-2
ホ ー ム	2面2線（武蔵野線）、2面4線（京浜東北線）
乗車人員	59,031人
キ ロ 程	31.7km（府中本町起点）

2003年（平成15年）

南浦和駅を発車して行く103系は高運転台車の8両編成。「武蔵野線開業30周年」の大きな円形ヘッドマークを掲げていた。

2003年（平成15年）

南浦和駅付近を走る205系。前面に掲げる「武蔵野線開業30周年」の祝賀マークは長方形の小振りなもの。京浜東北線と連絡する駅周辺は家屋が密集する住宅街になっている。

現在

常に混んでいる武蔵野線の南浦和駅ホーム。「しもうさ号」開通により5番線からも大宮行きの列車に乗ることが可能になった。

　京浜東北線に南浦和駅が出来たのは、1961（昭和36）年7月1日と比較的新しい。この駅が設置された理由は3つある。1つは、京浜東北線の蕨駅と浦和駅間の距離が長かったこと。2つ目は、昭和30年代に入って住宅の建設が進み、人口増加で浦和市（現・さいたま市）から駅設置の請願書が出されていたこと。3つ目は、翌年に開設が予定されていた浦和電車区（現・さいたま車両センター）への車両入出庫の便宜が考慮されたからだ。

　そして1973（昭和48）年4月1日、高架の武蔵野線が京浜東北線と直角に交わって、南浦和駅が開設される。

　南北方向に走る京浜東北線をはじめとする東北本線の各線路の上を、東西方向に走る武蔵野線が乗り越す構造となっている。地上にある京浜東北線ホームの蕨駅寄りの高架上に武蔵野線のホームが跨がって伸びている。

　武蔵野線の運行本数は日中で10分間隔だが、京浜東北線は約5分間隔で運転されており、どうしても接続がアンバランスになる。このため武蔵野線のホームには常に乗客が滞留し、混雑の一因になっている。しかし武蔵野線はもともと貨物線として建設され、貨物列車が頻繁に運行されているので、簡単に増発できない。

　せめてもの改善策で、改札内のコンコースのみ可能であった各ホームとの連絡が見直された。平成28（2016）年に京浜東北線の3・4番線ホーム（大宮方面）と武蔵野線の6番線ホーム（西船橋方面）を結ぶ階段が設置されたのだ。また改札側には、武蔵野線の5番線ホーム（府中本町方面）と連絡する階段が新設されている。

　南浦和駅は浦和競馬場まで徒歩15分の最寄り駅。競馬開催日には東口から送迎バスが発着している。

古地図探訪

1973年／南浦和駅付近

武蔵野線と京浜東北線が交わる場所に南浦和駅が置かれている。その北西には浦和駅が置かれており、距離はかなり近い。この浦和駅の南側には、調（つきのみや）神社が鎮座している。また、駅の東側には地方競馬の浦和競馬場、西側には埼玉県庁が存在する。一方、南浦和駅の北西には、浦和（現・さいたま）市立岸中学校がある。この学校と駅の中間に見える「文」の地図記号は、真言宗智山派の寺院、宝性寺である。地図の左側を走るのは、中山道（国道17号）である。

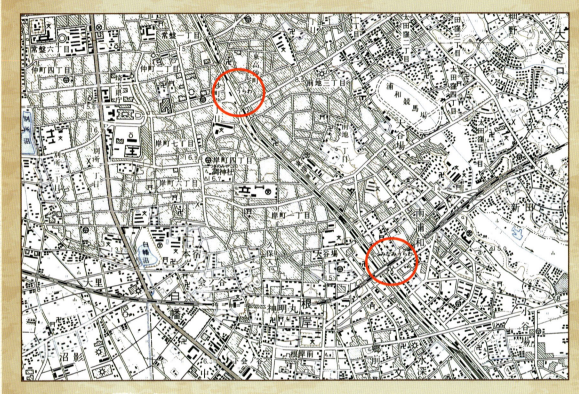

武蔵野線開業直後の南浦和駅の駅前風景。バス停の行き先案内には浦和駅、蕨駅等と記されている。

1973年
(昭和48年)

撮影：高橋義雄

武蔵野線が開通する1年余り前の南浦和駅周辺の空撮写真である。高架線の工事が進行中であり、ホームなどはまだ姿を現していない。京浜東北線は地上駅であり、ホームは島式2面4線の構造である。一方、武蔵野線の駅は高架駅で、相対式2面2線のホームとなる。橋上駅舎が見える上（東）側には「ナショナルカラーテレビ」の広告看板が見えるビルがあるが、現在は駅前広場に向かって、埼玉りそな銀行、三菱東京UFJ銀行の支店の入るビルなどに変わっている。

赤羽方面

東口

南浦和駅

西口

府中本町方面

宝性寺

提供：朝日新聞社

HIGASHI-URAWA St.

東浦和
ひがしうらわ

大規模な緑地空間
見沼田んぼに近く、
周辺は、現在もベッドタウン化が進む

【東浦和駅】

開業年	1973（昭和48）年4月1日
所在地	さいたま市緑区東浦和1－23－2
ホーム	2面2線
乗車人員	28,372人
キロ程	35.4km（府中本町起点）

2003年（平成15年）

東浦和駅付近ですれ違う205系の東京行き快速列車（写真左）と103系の府中本町行き普通列車。駅構内には、貨物列車等が通過するための中線が設けられている。

撮影：小川峯生

　高架の南浦和駅からやがて地上に下りた武蔵野線は、2本の幹線道路をくぐって、東浦和駅に着く。有名な見沼田んぼに近いこの駅は、市街地でありながら、緑の自然環境に恵まれ、駅周辺は住宅の建設ラッシュでベッドタウン化が進んでいる。駅付近には旧住宅都市整備公団（現・UR都市機構）が開発した団地もズラリ並ぶ。

　当初は、都市高速鉄道7号線（現・埼玉高速鉄道）との乗換駅になる計画もあったが、その後、同路線のルートが鳩ヶ谷市（現・川口市）で変更されたため、埼玉高速鉄道との乗換駅は、隣駅の東川口駅に決まり、東浦和駅は武蔵野線の駅として開設された。

　東浦和駅も南浦和駅同様、地域が待ち望んだ駅で、両駅間は、武蔵野線で最も混む区間と言われている。朝のラッシュ時の混雑は200％に迫る勢いだという。というのも、東浦和駅はさいたま市に立地しているが、市境まで200メートルの至近距離で川口市北部と接し、川口市からの利用客も多いからだ。

　東浦和駅を出て右手に200メートルほど歩くと、「附島橋」という古い橋があり、橋の欄干に「見沼代用水」の文字がかろうじて認められる。この見沼代用水の東側には、通称「見沼田んぼ」と呼ばれる、大規模な緑地空間が広がる。さいたま新都心駅や大宮駅などの主要駅からも2～3キロメートルという近さにありながら、田んぼや畑、雑木林、河川など、見沼代用水によってつくられた田園風景が残されているのだ。この緑の中を武蔵野線の電車は快走する。

古地図探訪

1973年／東浦和駅付近

武蔵野線が開通した年の東浦和駅付近の地図であり、現在はさいたま市の緑区役所が駅の左上（北東）に置かれている。この当時は駅の周辺にもまだ、農地が多く残っていた。この駅の左上（東北）部分は芝川の流れがあり、かつては見沼が存在し、江戸時代に干拓され、新田が開発された場所である。1979年から大規模な治水事業が実施されており、芝川第一調節池が誕生している。駅に近い場所に見える「文」の地図記号は、1967年に開校した浦和明の星女子高校である。

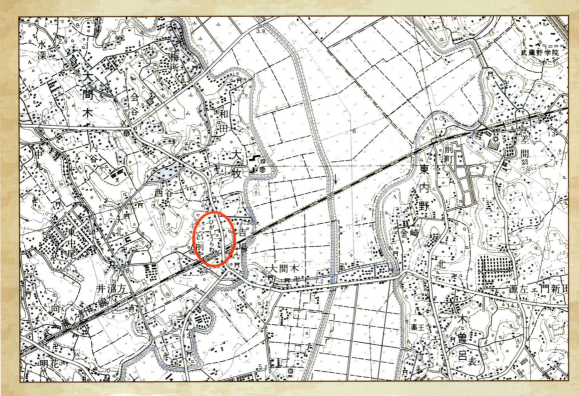

1973年（昭和48年）

東浦和駅周辺の風景。武蔵野線開業時の駅周辺でもこうした風景が残されていた。

現在
きれいに整備された現在の駅前広場。

現在
優しい色合いの道路橋を潜り、東浦和駅に進入する209系500番台車。当駅付近には貨物列車等が通過、待避するための「中線」が、約700メートルにわたって敷設されている。

1973年4月、武蔵野線が開通し、当時の浦和市に南浦和・東浦和・西浦和の3駅が新たに加わった。3駅誕生を祝って、南浦和駅では開駅記念の祝典が執り行われた。

提供：さいたま市

春たけなわのお花見時の開通とあって、南浦和駅の入り口付近には、桜の花に飾られた紅白のゲートが開通記念として設置されていた。

提供：さいたま市

武蔵野線が開業して間もない頃の南浦和駅の駅前風景。広い駅前風景は舗装されておらず、通学の女子高校生らは水たまりのある土の上に敷かれた、鉄板の上を歩いている。

提供：さいたま市

1973年 (昭和48年)

開駅記念のボードと万国旗に飾られている西浦和駅の改札口付近。自動券売機の横には、椅子が並べられ、テープカットの準備ができている。

提供：さいたま市

1961年 (昭和36年)

開発が始まろうとしている南浦和駅東口駅前。

提供：さいたま市

1963年 (昭和38年)

南浦和駅西口方面の遠望。

提供：さいたま市

47

1973年
(昭和48年)

開業した南浦和駅を走り抜ける貨物列車。

提供：さいたま市

1973年
(昭和48年)

新駅誕生を祝うために多くの地元民が集っている東浦和駅。万国旗や提灯が飾られて、賑やかな祝賀ムードに包まれていた。

提供：さいたま市

1973年
(昭和48年)

開業当時の東浦和ホーム。

提供：さいたま市

『浦和市史』に登場する武蔵野線

武蔵野線の開業

　昭和48年（1973）4月1日、オレンジバーミリオン色の電車が乗客を乗せて浦和の町を東西に横切って走ることになった。国鉄武蔵野線の開業である。武蔵野線は当初の国鉄の計画では、山手貨物線が飽和状態になっているのを緩和するため、常磐線、東北本線、東海道本線などの貨物列車を東京の外回りで結ぼうとするものであった。したがって、武蔵野線は貨物専用車として計画されたのであるが、周辺住民の強い要望で旅客電車も走ることになったのである。

　武蔵野線の具現化は、初めは玉葉線という線名で進められた。埼玉、千葉の両県名を略して付したものである。昭和27年（1952）5月27日、埼玉県は所沢、志木、浦和、越谷、吉川、千葉県流山を経て、常磐線の我孫子駅に至る鉄道の建設を運輸省の鉄道建設審議会に申請した（『新編埼玉県史』通史編7）。しかし、埼玉県だけの運動では効果が期待できないと見て、昭和29年2月、東京、神奈川、千葉、埼玉、茨城の1都4県で構成している東京湾調査地域総合開発事業の一環として計画促進を図るべく、第1回の幹事会を埼玉県の会議室で行い運動方針、調査実施方法等について検討がなされた。同年5月、関係都県知事連名で鉄道敷設法別表路線変更と早期着工の陳情を行った。このとき、昭和2年（1927）の鉄道敷設法予定線のうち、我孫子－大宮線、与野－立川線を我孫子－流山－吉川－越谷－浦和線及び浦和－志木－所沢－立川線と改めて運輸省、国鉄などに陳情した。その後も、間断なく請願と各種調査が続けられた。

　昭和30年（1955）9月2日、旧埼玉県議会議事堂において、首都外郭環状鉄道建設期成同盟の発会式が開催され、ここでこれまでの経過が説明され規約を審議し役員を互選し事業計画が承認された。早速、運輸省、国鉄、それに鉄道建設審議会に陳情を行うこととした。申請路線は、柏－流山－吉川－越谷－浦和線及び浦和－足立－所沢－立川－南武線とし、これの早期着工を願った。昭和31年6月、武蔵野線浦和招致対策委員長である浦和市議会議長は、この鉄道が浦和市を通過するようにとの陳情を運輸大臣、国鉄総裁、鉄道建設審議会をはじめ関係方面に行った。浦和市議会では5月に全員協議会を開催し、全議員をもって対策委員会を設置している。

　昭和32年4月3日、鉄道建設審議会において、埼玉県がさきに申請をしていた玉葉線の建設は、決定を見た。この頃より、玉葉線という名称から武蔵野線というようになった。路線決定にあたっては、大宮市、川口市の動きも出てきた。大宮市では、武蔵野線の大宮への分岐を要望する活動を展開していた。一方、川口市の場合、国鉄が昭和34年6月、南柏－草加－西川口というルートのほうが、それまで話題になっていた流山－越谷－南浦和ルートより営業上有利との見解を明らかにしたことにより、武蔵野線建設協力会を結成し、誘致運動を展開した（『新編埼玉県史』通史編7）。このように、ルート決定まで紆余曲折があったが、埼玉県も、県内の利用の有利性を考え、なるべく北寄りにルートをとることで国鉄と折衝し、昭和39年（1964）7月13日、武蔵野東線のルートを、常磐線北小金駅－流山－吉川－草加－越谷－川口－南浦和を経て、京浜東北線の与野駅に至る33キロメートルと決まった。騒音問題や農地買収などで浦和、与野では一部に反対運動も生じ、この調整にも時間を要したが昭和40年12月17日、南浦和駅西口広場で起工式が行われた。

　浦和市内でも昭和39年8月から昭和40年3月にかけ、工事を担当する日本鉄道建設公団が立ち入り測量を実施した。その当時の浦和市の広報誌「市民と市政」には、鉄道建設公団が発表した案が載せられているが、それによると市内はおおむね13キロメートルで、このうち約2.3キロメートルは地下、約4.5キロメートルは高架線とし、線路の構造も東海道新幹線なみの工法を採用し、騒音等の防止をはかり道路とはほとんど立体交差とするなど努力したということであり、さらに、南浦和駅は乗り入れの便利さと安全性から秋葉原のような駅でなく、新大阪駅のような方式を採用するとしている。また、駅は4、5キロメートルおきに設けるということであった。なお、昭和41年1月の浦和市報には、南浦和駅について「新大阪と同規模の駅で東北線随一の立派な駅となる」という希望的報道がなされている。

　　　　　　　　　　（中略）

　こうして完成した武蔵野線は、昭和48年（1973）4月1日、開業した。しかし、前述のように、この鉄道の大きな役割は、東北、常磐線の貨物を東京（山手貨物線）を通さないで東海道線に入れることであったため、貨物列車が多く、電車は、4両編成で1日40往復であり、日中は1時間に1、2本といったところであった。開業を伝える浦和市報の記事には、首都圏の大動脈としての武蔵野線は、府中本町駅から新松戸駅までの57.5キロメートルの大環状線で、駅は全部で19、浦和市内は、西浦和、南浦和、東浦和の3駅、荒川にかかる鉄橋は1,293メートルで日本第2位の長さとあり、そして沿線案内をしている（『現代史料編』）。この鉄道に寄せる浦和市民の期待のさまがうかがえる。4月1日、南浦和駅のホームにおいて、3駅の開駅の祝賀会が行われた。

HIGASHI-KAWAGUCHI St.

東川口
ひがしかわぐち

埼玉高速鉄道への乗り換え駅で、「埼玉スタジアム2002」の玄関口

【東川口駅】

開業年	1973（昭和48）年4月1日
所在地	埼玉県川口市戸塚1－1－1
ホーム	1面2線
乗車人員	34,954人
キロ程	39.2km（府中本町起点）

1992年（平成4年）

撮影：松本正敏（RGG）

「ホリデー快速おおみや号」。常磐線取手～大宮間を武蔵野線経由で結ぶ休日運転の臨時列車だった。松戸区の103系5両編成が充当され、常磐線用のエメラルドグリーン（青緑1号）に塗られた電車を武蔵野線内で見ることができた。

　東浦和駅から、"見沼田んぼ"の田園地帯をひた走る武蔵野線の電車。面積が約260ヘクタールもある見沼田んぼは、さいたま市の中央部にまで広がり、東京近郊には珍しい大規模な緑地帯を形成している。そして住宅やマンションが建ち並ぶ市街地に入ると、電車は国道122号（岩槻街道）や東北自動車道を越えて東川口駅に到着。

　東川口駅は、埼玉高速鉄道に接続しており、次の駅が埼玉スタジアム2002の最寄り駅である浦和美園駅だ。

　このため、ふだんは静かな東川口駅、浦和美園駅も、Jリーグなどサッカーの試合がある時は混雑する。

　埼玉スタジアム2002は、約30ヘクタールという広大な公園の中の主要施設。メインスタジアムのほかにサブグラウンドが3面、フットサルコートが2面があり、まさにサッカーを楽しむための公園になっている。家族連れのためには公園西側に「もみの木の広場」もある。

　東川口駅の南には、陣屋敷（川口市赤山）という地名が残っている。ここは関東郡代の伊奈氏が陣屋（赤山城）を構えたところで、今は堀と土塁を残すだけで、表門の位置に石碑がある以外、城址は大部分が植木畑になっている。緑が美しく、周辺は絶好のハイキングコースだ。

　植木畑は川口のシンボルで、住宅地のある東川口駅周辺を南に向かって抜けると延々と植木畑が続く。その真ん中の川口市安行領家には植木取引の造園センターがある。安行の1年は、2月に行われる植木の初セリでスタートし、地元だけでなく県外の生産者からも、縁起物の松、梅などが大量に持ち込まれ活気にあふれる。植物産業振興のために川口市が1976年に完成させた総合施設で、毎週木曜日に植木の競り市が行われている。

1973年（昭和48年）

西船橋方面

現・埼玉高速鉄道 東川口駅（地下）

東川口駅

現・南口

現・北口

府中本町方面

上（東）側が新越谷駅方面の高架線、下（西）側が東浦和駅方面の掘割になっている東川口駅の空撮写真である。高架駅の真下には、埼玉県道235号が通っており、2001年には埼玉高速鉄道が開通、連絡駅となっている。下側を横切る埼玉県道105号などは、武蔵野線を跨ぐ形となっている。左下（駅北西）では、駅前広場の整備が進められていた。

提供：毎日新聞社

209系500番台車が曲線上で白塗りの顔を見せた。東浦和-東川口間は現在も僅かに田園風景が残る区間である。東川口駅付近では住宅街に建設された低い築堤上を行く。

臨時列車のなかでも583系（かつての電車寝台）は鉄道ファンの関心が集まる車両であり、他にも485系、183系などの優等列車の車両が武蔵野線を走った。写真は「わくわくドリーム号」。

鉄道ファンの撮影者が多いため、撮影マナーに対する看板が掲げられている。

武蔵野線の東川口駅前広場に隣接して埼玉高速鉄道線の乗り場入り口が設けられている。

古地図探訪

1973年／東川口駅付近

中央やや右（東）側を斜めに綾瀬川が流れ、埼玉県道324号が沿うように走っている。一方、左（西）側には東北自動車道が通っている。中央には県道381号が通り、後にはさいたま高速鉄道が地下を走ることになる。武蔵野線の東川口駅は1973年に開業し、連絡駅となるさいたま高速鉄道の東川口駅は2001年に開業する。この当時、上（北）側は岩槻市であったが、現在はさいたま市岩槻区となっている。また、東（右）側は越谷市である。

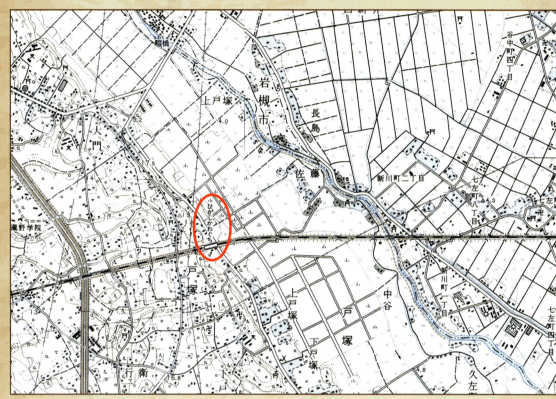

現在

埼玉高速鉄道線の案内板。自社よりも乗り入れ相手の東京メトロ南北線の主要駅を強くアピールしている。南北線は東急目黒線とも直通しており、将来はさらに相模鉄道と乗り入れる計画もある。

MINAMI-KOSHIGAYA St.

南越谷
みなみこしがや

田園地帯から東京のベッドタウンに成長
東武の新越谷駅と接続する越谷の中心駅

【南越谷駅】

開業年	1973（昭和48）年4月1日
所在地	埼玉県越谷市南越谷1-21-1
ホーム	2面2線
乗車人員	74,191人
キロ程	43.5km（府中本町起点）

現在

終日混雑している南越谷駅。接続線の東武スカイツリーライン（新越谷駅）は東京メトロ日比谷線、半蔵門線、東急田園都市線と直通運転を行っており、六本木、渋谷や三軒茶屋も乗り換えなしで行くことができる。

1973年（昭和48年）

提供：越谷市

開業時の南越谷駅ホーム風景。当時、日中は約40分間隔の運転であった。今から思うと隔世の感があるダイヤだが、それでも輸送需要に十分に応えていたのであった。

1980年（昭和55年）

撮影：山田虎雄

懐かしい国鉄時代のホーム駅名標。現在の隣駅である「越谷レイクタウン」が開業する30年近く前の撮影である。

　東川口駅を出た電車は、綾瀬川を渡ってさいたま市から越谷市に入る。越谷は、江戸時代から日光街道第3の宿場町として早くから商業が発達。また「水郷こしがや」と呼ばれるように、元荒川、葛西用水など多くの河川・用水が市内に流れ、米、野菜を中心とした農業が盛んに行われてきた地だ。近年、1899（明治32）年に東武鉄道が開通してから近代化が進んだが、水郷こしがやの名の通り、県下で最も橋が多い町である。市内にはさいたま市方面から来た武蔵野線の電車が最初に渡る西の境の綾瀬川、中央の元荒川、東の境の古利根川が流れ、その間を農業用水が縦横に通っている。そして川で分断された地形を大小の橋がつなぐ。この豊かな水が江戸時代から水田を潤してきた。

　のどかだった田園地帯も、昭和30年代に住宅の建設が進み、1962（昭和37年）に東武鉄道に地下鉄日比谷線の乗り入れると人口がいっそう増加した。その後も武蔵野線が開通、東武鉄道の高架複々線化が実現。また、道路網などの都市のインフラが整うと公共施設の整備も進み、越谷市の中心的な役割を担う街になった。

　南越谷駅は、1974（昭和49）年7月に開設された越谷市内で一番新しい駅・新越谷駅に接続している。当初は南越谷駅が高架で跨いでいたが、その後新越谷駅が高架複々線工事に着工。武蔵野線の高架の上を跨いで設けられた。1997（平成9）年に工事が完了した駅は、乗り換え客が多いことから東武鉄道は準急や急行も停車させている。

　この新越谷駅に乗り換えるには、いったん外に出て、駅ビルの3階にある東武の改札まで行かなければならない。しかし新越谷駅リニューアル計画のお陰で、駅前から空港行きや高速バスが発着。さらには深夜急行バスも経由するなど、バス関係のダイヤが充実した。

古地図探訪

1928年／1972年／南越谷駅付近

右側の1972年の地図には、1973年4月1日開業の南越谷駅が既に記載されている。1974年7月23日に開業する東武伊勢崎線（東武スカイツリーライン）の新越谷駅は地図上に見えない。この南越谷駅の東側には、越谷貨物ターミナル駅が存在している。東武線と並行する形で、東側には、草加バイパス（国道4号）の開通で降格された、埼玉県道49号（旧国道4号）が走っている。地図の上（北）側には、元荒川が蛇行しながら流れている。この川に架かる新平和橋のたもとに越谷市役所が置かれている。その南西には、東武線の越谷駅がある。一方、1928年の地図では、越谷町の市街地は狭く、町役場の場所も異なっている。この当時は、東武線の東側を走る道路が陸羽街道（国道4号）であった。

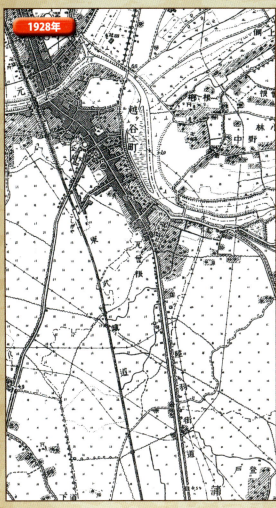

1928年

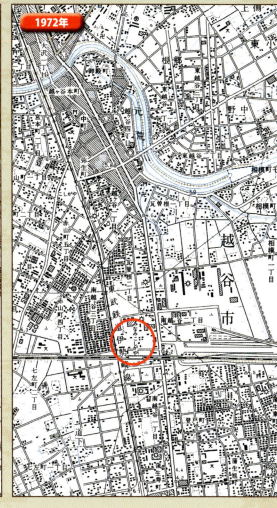

1972年

1979年（昭和54年）

南越谷駅の駅前ロータリーの全景。正面の「ダイエー」は1979年にダイエー南越谷店（越谷サンシティ）として開業。現在はイオン南越谷店になっている。

提供：越谷市

提供：朝日新聞社

KOSHIGAYA-LAKETOWN St.
越谷レイクタウン

越谷レイクタウンの街開きと同時開設
日本最大級の商業施設が完成し大変貌

【越谷レイクタウン駅】

開業年	2008（平成20）年3月15日
所在地	埼玉県越谷市レイクタウン8丁目
ホーム	2面2線
乗車人員	25,530人
キロ程	46.3km（府中本町起点）

2008年にニュータウンの玄関口として開業し、いまも清々しい外観を保っている越谷レイクタウン駅。高架下には南北を結ぶ、幅の広い自由通路が設けられている。

開発が始まる頃の大相模調節池。中川、綾瀬川、元荒川の治水を目的とした調節池として設けられ、広さは上野公園の不忍池の約3倍に相当する。現在では、日本最大規模のショッピングタウンが開業し、池ではヨットやカヌーなども行なわれている。

提供：越谷市

イオンレイクタウン方面に開けている北口の駅前。広い駅前広場を囲むようにマルエツレイクタウン店、千葉銀行越谷レイクタウン支店などが店を構えている。

　埼玉県は、長年の懸案だった中川・綾瀬川・元荒川流域の治水と市街地の整備を実施するため、区画整理地内に治水施設として大相模調節池を造成。これに伴う計画として、池の周辺に商業施設や集合住宅、公園などを誘致し、周辺をニュータウンとして整備を始めた。そして2008（平成20）年3月に街開きしたのが越谷レイクタウンだ。武蔵野線の越谷レイクタウン駅は、ニュータウンの最寄り駅として同時開設され、この当時では武蔵野線で一番新しい駅だった（後に吉川美南駅が新設される）。

　開設当初は、駅前のマンションを含め、周辺の住宅建設も未完成で、乗降客は駅の南側にある県立越谷南高校の通学生がほとんどだった。しかし、駅が出来た同じ年の10月、「イオンレイクタウン」と名付けられた日本最大級のショッピングセンターが完成。越谷レイクタウン駅は大変貌を遂げる。なにしろこの大ショッピングセンターは、施設面積が約26万2000㎡もあり、ジャスコやマルエツなどのほかに専門店が600店舗近く入るという、まさに日本一を誇る規模であった。このため駅の乗降客も飛躍的に増え、特にショッピング客が押し寄せる土日などは、ホームに人があふれかえった。

　2015年度の1日平均乗車人員は24,195人で、乗り換え駅ではない武蔵野線内の単独の駅としては、東浦和駅に次ぐ2位。活況の理由は、イオンレイクタウンが出来たことと、周辺の住宅開発が進んだことが挙げられる。

　駅近くには、武蔵野線内に3か所ある貨物駅のひとつ、越谷貨物ターミナル駅がある。この貨物駅は、敷地面積が17万6000㎡で、年間貨物取扱量は240万トン、1日当たりの貨車は720両の規模で計画された。このため広い構内には貨物列車が常時停車しており、北側のヤードにもコンテナが山積みされている。

現在

大相模調節池に面して街が開かれている越谷レイクタウン。水際には緑の芝生が植えられ、水面を見下ろすようにマンションが建つ。

🚶 古地図探訪
1976年／越谷レイクタウン駅付近

2008年に「越谷レイクタウン」が街開きし、同名の武蔵野線の駅が開業する前の地図であり、駅北西部分は空白になっている。東側には八条用水、西側には葛西用水が流れ、この当時は田園風景が広がっていた。一方、上（北）側には元荒川の流れが見える。この川の北側には、埼玉県立越谷東高校、越谷市立東中学校が存在している。この川の南側は相模町で、「大相模不動尊」の文字が見える。これは奈良時代の750年建立と伝わる越谷市最古の寺院、真大山大聖寺である。

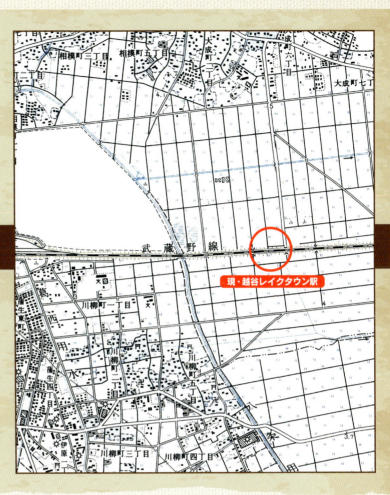

現・越谷レイクタウン駅

1987年（昭和62年）

この当時、武蔵野線では103系の混色電車がたくさん走っていた。写真はカナリアとエメラルドグリーンの編成であり、総武線と常磐線の組み合わせだ。

撮影：小川峯生

YOSHIKAWA St.

吉川
武蔵野線開通で繁栄、町から市に昇格
駅南口には"ナマズのモニュメント"が

【吉川駅】	
開業年	1973（昭和48）年4月1日
所在地	埼玉県吉川市木売1-6-1
ホーム	2面2線
乗車人員	18,082人
キロ程	48.2km（府中本町起点）

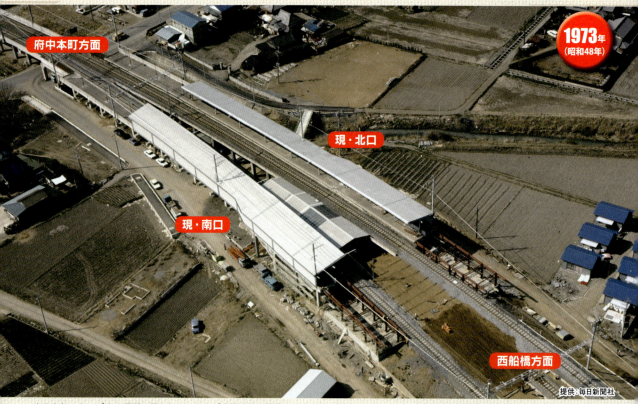

1973年（昭和48年）　提供：毎日新聞社

ゆるやかにカーブする場所に置かれているのが武蔵野線に開業する吉川駅。開業の約1か月前の姿である。写真外の左（西）側には、中川の流れがある。同じく右（東）側には、埼玉県道67号が通っている。手前（下）は南口で、奥が北口だが、まだ広場の整備は進んでいない。この当時、奥にはビニールハウスが見えるなど、農業が盛んな場所であったが、現在駅周辺には住宅が建ち並んでいる。一方、駅から離れた県道67号の東側には、農地がかなり残っている。

　武蔵野線は京葉線とともに「風に弱い」というイメージを持たれているが、越谷レイクタウン駅の近辺は、まさに"強風要注意"地区で、たびたび運転規制が行われていた。このためJR東日本では、防風柵を設置して安全運転に努めている。武蔵野線で防風柵を設置したのは、荒川橋（北朝霞～西浦和間）、中川橋梁（南越谷～吉川間）、江戸川橋梁（三郷～南流山間）の3か所。これにより運転見合わせや速度規制がかなり減少した。

　越谷レイクタウン駅からの電車が防風柵に囲まれた中川橋梁を渡ると、すぐに吉川駅に着く。吉川駅は吉川市の玄関で、武蔵野線の開通、吉川団地やきよみ野などの新しい町ができたことで人口が増加。1996（平成8）年4月1日、吉川町は吉川市になった。武蔵野線内では、唯一「町」に造られた駅だったのだ。

　稲作をはじめ農業が盛んだった吉川には、昔から川の水を引き込んだ用水路や小川が各所に流れており、その水場にはさまざまな生物が住んでいた。地元でとれる川魚料理は400年以上の伝統があり、中でも"吉川の味"として知られているのがナマズ。市内にはナマズを食べさせる老舗の川魚料理店が何軒もある。吉川駅の南口には、金色に光る大きなナマズのモニュメントが設置され、「吉川名物」をアピールしている。

　また、稲作地帯の副産物として稲のワラを利用したワラ工品もかつては吉川の地場産業だったが、現在は化学工業品にその地位を譲り、ムシロや米俵などワラ工品を作った製作用具などが郷土資料館に展示されている。

古地図探訪

1972年／吉川駅付近

中川に近い場所に置かれることになった武蔵野線の吉川駅である。中川には吉川橋が見えるが、現在はその南側に吉越橋が架橋されている。現在は吉川市だが開業当時は吉川町であった。中川と元荒川の合流地点にある吉川の市街は、駅の北側にあたる。駅の南側、中川に沿うように道路（旧埼玉県道67号）があり、その東側に多くの神社仏閣が存在している。現在は駅の東側に埼玉県道67号バイパス（都市計画道路三郷吉川線）が開通している。

1973年（昭和48年）
撮影：高橋義雄

武蔵野線開業直前の吉川駅前。農家の庭先でヤギが飼われていた時代のひとコマである。

現在

江戸川と中川に囲まれた地域にある吉川では、川魚料理が約400年の歴史をもつといわれる。駅前には黄金色のナマズのモニュメント「ナマリン」が置かれている。

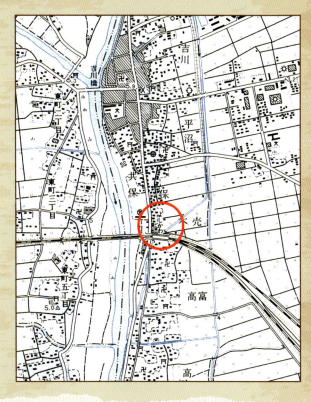

1985年（昭和60年）

常磐快速線から転属したエメラルドグリーンの103系を挟んだ編成。武蔵野線以外でも総武・中央緩行線、南武線、横浜線、青梅線、五日市線、川越線ほか各線で、この時期には混色編成の電車を見ることができた。

撮影：小川峯生

武蔵野線が開業する1973年に着工され、翌年に開場する武蔵野操車場の工事風景である。手前(下)が吉川駅、奥(上)が三郷駅であり、南北に長く、東西も幅が広い状態であった。しかし、この武蔵野操車場は、国鉄の経営悪化などで1984年に機能停止される(1986年に廃止)。1985年には新三郷駅が誕生し、一時は操車場を挟む形となっていた。奥には江戸川の流れがあり、武蔵野線の橋梁が架かる。その手前には三郷駅が置かれている。

三郷団地

提供：毎日新聞社

YOSHIKAWAMINAMI St.

吉川美南
よしかわみなみ

武蔵野線でいちばん新しい駅が誕生！
駅新設で人口も増え、街の将来に期待

【吉川美南駅】

開業年	2012（平成24）年3月17日
所在地	埼玉県吉川市美南2-34
ホーム	2面3線
乗車人員	4,162人
キロ程	49.8km（府中本町起点）

吉川美南駅付近を走る205系。踏切の無い武蔵野線に投入された205系は当初、前面に排障器（スカート）を装備していないものがあった。

吉川美南駅の広いロータリー。これから大きな発展を遂げるに違いない。

西口の駅前には「イオンタウン吉川美南」が2017年秋にオープンし、2018年にはさらに大規模な施設としての完成が見込まれている。

　この数年で6万人台だった人口が7万人を超えた吉川市。その理由として挙げられるのが、平成24（2012）3月17日に開業した「吉川美南駅」の存在が大きい。

　吉川美南駅は武蔵野線では一番新しい駅で、吉川駅と新三郷駅の中間、吉川駅から約1.6キロ地点にある中曽根跨線橋付近に設置された。地元の強い要望で建設された請願駅であるため、総額71億6,800万円の建設費のうち、吉川市は43億6,000万円を負担している。いかに待たれた駅であったかが分かる。武蔵野線では、越谷レイクタウン駅開業以来、4年振りの新駅となった。

　新駅名は、市民公募し、234人から131件の案が寄せられ、最終候補として「吉川なまずの里」「吉川美南」「むさし吉川」の3案が残った。吉川市はそれをJR東日本に提案、その後JR東日本は「吉川美南」を正式な駅名として採用した。

　江戸時代から農村地帯として時代を経てきた吉川周辺は、古名を「二郷半領」と呼ばれた。これは、この地方の50戸以上の集落であった吉川郷と彦成郷を二郷、その南の50戸に満たない村を半郷とし、これを合わせた名称だった、と伝えられている。小さな村だったが、有数の水田地帯となり、早稲米の産地として発達。収穫した米を江戸に積み出すため、中川を利用する舟運も発達し、吉川・平沼河岸は物資の集積地として栄えた。

　交通の便の良さは、街が成長する大前提。駅を請願した吉川市は、吉川美南駅を中心に「芸術・文化のまちづくり」をと意気込みを見せる。実際、隣駅の新三郷駅と同様、旧武蔵野操車場跡に立地している駅舎は、これまでとはひと味違うモダンな建物だ。東口と西口を結ぶ連絡通路（自由通路）はギャラリーとして格安で市民に開放。駅周辺には斬新なモニュメントを点在させている。

古地図探訪
1973年／吉川美南駅・新三郷付近付近

地図の下（南）側は1972年に市に昇格した三郷市であり、上（北）側は吉川町（現・吉川市）である。右（東）側には大場川が流れ、その後、常磐自動車道が開通している。この当時は、巨大な国鉄の武蔵野操車場が存在していたが（完成は1974年）、1986年に廃止されている。南側の三郷市には国鉄時代の1985年に新三郷駅、北側の吉川市内には2012年に吉川美南駅が開業している。操車場の南側、「文」の地図記号は、1973年に開校した三郷市立第七小学校で、翌年に桜小学校と校名を改称している。

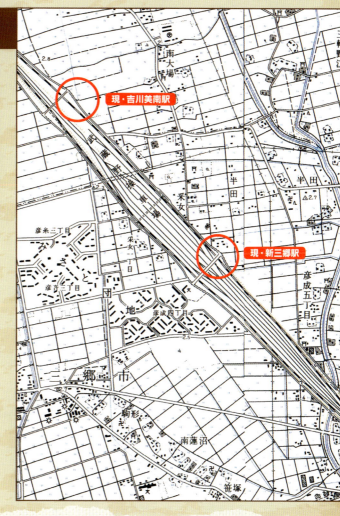

現・吉川美南駅
現・新三郷駅

現在

輸送異常時や中山競馬開催などに対処するため2面3線の構造である吉川美南駅。当駅の行先方向幕も車両に用意されている。

三郷から吉川へ向かう高運転台・ATCタイプの103系。武蔵野線の103系は2005年まで主役級の活躍を見せた。京葉線同様、東京駅を発着する最後の103系でもあった。

2003年（平成15年）

撮影：小川峯生

SHIM-MISATO St.
新三郷
しんみさと

周辺の巨大操車場跡が新しい街に変貌
町名も「新三郷ららシティ」に変わる

【新三郷駅】	
開業年	1985（昭和60）年3月14日
所在地	埼玉県三郷市新三郷ららシティ2-4-1
ホーム	2面2線
乗車人員	15,702人
キロ程	51.3km（府中本町起点）

新三郷駅とショッピングセンターは歩道橋で結ばれている。

新三郷駅の駅前には「新三郷ららシティ」のモニュメントが設置されている。

武蔵野線の205系は京葉線まで乗り入れる運用を持つ。京葉線の地下トンネル区間における急勾配を克服するために8両中、6両の電動車を組み込んだ編成となっている。電動車は改造を受け5000番台に改番されている。

　かつて吉川駅と三郷駅の間には、1974（昭和49）年10月に開設された武蔵野操車場があり、貨車を行き先別に仕分けたりしていた。この操車場は、全長5.2キロメートル・幅約360メートル・面積約105平方メートル、コンピュータ制御を駆使した最新鋭の規模も誇った。しかし鉄道貨物より自動車輸送が増え、貨車はコンテナ輸送に変わり、せっかくの広さと近代設備を持っているにもかかわらず、1986（昭和6）年11月で役割を終えた。

　武蔵野操車場が廃止される前年の3月に開設された新三郷駅は、この巨大な武蔵野操車場を挟んで上下線が約360メートルも離れた線路配置で話題を呼んだ。1994年版のギネスブックに「上下線ホームが世界一離れている駅」として掲載されたくらいだ。

　その後、「この状態のままでは駅の利用者に著しい不便を強いることになる」と、平成11（1999）年3月、府中本町方面のホームを西船橋方面のホームに寄せる形で駅舎が1つにまとめられた。

　また、新三郷駅南側一帯の操車場跡には、（イケア、コストコ、ららぽーと新三郷）で構成される「新三郷ららシティ」が建設され、駅前は大変貌した。2008（平成20）年11月開店したイケア、2009（平成21）年7月に開店したコストコ、同年9月に開店したららぽーと新三郷の敷地面積を合わせると、17平方メートル以上にも及ぶ。なお、2008（平成20）年10月からスタートした「新三郷ららシティ」は三郷市の町名で、漢字・ひらがな・カタカナが含まれる地名は全国でも珍しい。以前の町名は大広戸・仁蔵・彦成・半田・采女新田で、それぞれ合併して新三郷1丁目・2丁目・3丁目に変わっている。

開業して間もない頃の新三郷駅。300メートル以上離れた上下線のホームを結ぶための長大な跨線橋をはじめとする駅周辺の整備が進められていた。

1985年（昭和60年）

1985年（昭和60年）

巨大な武蔵野操車場を挟んで誕生した新三郷駅。ホームの端には、新駅が誕生したことを示す「新三郷」の駅名看板が設置されようとしていた。

現在

JRの元寝台特急「夢空間」として走った豪華客車、オシ25「ダイニングカー」、オハフ25「ラウンジカー」が置かれ、車内見学等を楽しむことが出来る。

MISATO St.
三郷
（みさと）

近くには
三郷ジャンクションがある
江戸川のほとりに位置する県境の駅

【三郷駅】	
開業年	1973（昭和48）年4月1日
所在地	埼玉県三郷市三郷1-32
ホーム	2面2線
乗車人員	14,317人
キロ程	53.4km（府中本町起点）

三郷から吉川へ向かい101系が快走する。当時、武蔵野線は武蔵野操車場を挟むように上下線が分かれていた。このような例は旧竜華操車場を挟む関西本線久宝寺駅などにも見られた。

撮影：小川峯生

長年常磐快速・成田線のオリジナルカラーであったエメラルドグリーンの103系も誤乗防止のシールを貼って武蔵野線で活躍した。これは201系、205系などの投入及び101系の引退により、103系の転属や借入が活発化したのが要因である。

撮影：小川峯生

　新三郷駅を出た武蔵野線の電車は、右側に操車場跡に造られた広大な「新三郷ららシティ」を見ながら走る。
　そして、三郷を有名にした「三郷ジャンクション」を過ぎると三郷駅に着く。三郷ジャンクションというのは、常磐自動車道路や首都高速線、東京外環自動車道など、三郷市を東西南北に走る高速道路をつなぐ自動車交通の要所。赤い橋桁の絡み合いが芸術的でいわば三郷のランドマーク。三郷と言えば高速道路を連想する人も多い。
　武蔵野線開業時からあった三郷駅は、埼玉県の最東南部位置する三郷市の中心駅であったが、2005（平成17）年に開通したつくばエクスプレスの三郷中央駅が開業してから乗降客が減少した。市役所も三郷中央駅の方が最寄り駅になってしまった。三郷駅が開設されると同時に入居開始が始まったマンモス団地のみさと団地（9500戸）も、現在では徒歩圏内になった新三郷駅のほうが近くなったため、これも乗降客減少の一因となる。
　三郷市は東側に江戸川が流れる縦に細長い地形で、南側は東京都葛飾区に接している。北口から徒歩2分のところには江戸川河川敷公園があり、市民の憩いの場だ。全長60キロメートルのサイクリングロードもある。
　武蔵野線は市の北部を横断し、つくばエクスプレスはそれより南側を横断。それぞれ江戸川を渡った後、次の南流山駅で交差する。つまり、三郷駅は江戸川のほとりにある県境駅ということになる。

古地図探訪

1955年／1973年／三郷駅付近

千葉県との県境近くに置かれている三郷駅周辺の地図である。江戸川を挟んだ右（東）側は1967年に市制が施行された流山市で、武蔵野線の北側に市街地が広がっている。一方、三郷市内では、駅の左（西）側を南北に走る、埼玉県道21号沿いに神社仏閣や学校の地図記号が見える。駅に近い左側に存在するのは、三郷市立早稲田小学校である。その左側には、大場川の流れがある。その後、人口増加により、「三郷市」の文字が見えるあたり、「丹後」の地名がある場所に1981年、三郷市立丹後小学校が創立されている。これに対して、武蔵野線開通前の左側の地図（1955年）の地図では、「三郷村」の文字が見える。1964年に三郷町、1972年に三郷市になっている。

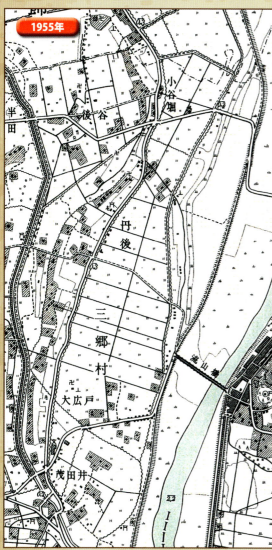

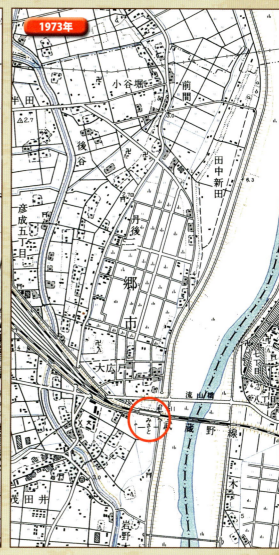

現在の三郷駅の駅舎。

三郷市はたくさんのバス事業者により、ほぼ全域に渡ってバスのルートが整備されている。南に向かう路線には東京都葛飾区の金町駅行きも設定されている。

千葉県との県境にあたる江戸川の河川敷付近に姿を現した三郷駅であり、埼玉県東端の駅となっている。左(北)側には、埼玉・千葉県道29号草加流山線が走る、流山橋が見える。下(西)側には巨大な武蔵野操車場が存在したため、武蔵野線の上下線は操車場を挟む形で距離を置いて走っていた。そのため、駅のホームが湾曲し、線路が少しカーブしているのがわかる。現在はマンション、ホテルなどが建つ駅周辺もこの時期は更地、農地であった。

1973年（昭和48年）

江戸川
西船橋方面
現・北口
現・南口
府中本町方面

提供：毎日新聞社

『三郷市史』に登場する武蔵野線

首都圏外郭環状鉄道計画

　昭和27年(1952)、埼玉県が首都外郭環状線計画のひとつとして玉葉線と名づけ、運動を開始したのが発端である。昭和2年(1927)鉄道施設法による予定路線であった我孫子―大宮線および与野―立川線を変更し、新予定路線として柏―流山―吉川―越谷―浦和線および浦和―志木―所沢―立川線を建設するというものであった。翌年県は鉄道敷設審議会に陳情し、調査費を計上している。29年、東は船橋、西は南武線に接続させて川崎にいたる環状線とすることから、埼玉・千葉・神奈川・東京の代表は国会・国鉄当局に陳情した。こうした一都三県の共同行動にみる環状線建設の機運の高まりは、全人口の1割を占める800万人を突破した、膨張する東京の首都圏整備の必要性が背景にあったからである。千葉・埼玉・東京・神奈川を横に結んで貨客を輸送し、常磐・東北線の貨物を山手線を経由することなく京浜工業地帯の鶴見地区に輸送するため、また首都の第一次衛星都市群の育成と常磐炭鉱からの石炭をこれら地方都市工業に供給するという、生産力の向上と製品の輸送にとって多大なる効果があるというものであった。

　昭和30年(1955)首都外郭環状鉄道(玉葉線)建設県期成同盟会の結成をみ、役員のなかには越谷・浦和・所沢・吉川・足立の関係首長も名をつらねていた。陳情を運動の中心とし、隣接県相互の交流の激増と、なによりも常磐・東北・中央各国鉄線による工業原料・製品の輸送が都心を通過するために輸送能力低下をきたしているという現状認識にたつものであった。そして生産力の増強により日本の経済自立達成という国の方針にとって有益であるとつけくわえることも忘れなかった。同年9月県議会では玉葉線実現に関する意見書を議決し、国鉄総裁も東北・北海道方面の貨物輸送は山手線接続では限界に達しており、その必要性を認め研究中であると応じている。31年運輸省・国鉄首脳会議において、全国から申請のあった50余件の新線建設計画のうち玉葉線をはじめ11線が新規事業として内定し、鉄道建設審議会も根岸線とともに武蔵野線(仮称)の新設を決定した。このときは、約130キロ、工費200億円、32年度以降に着工、完成まで4～5年、コースは柏―大宮、与野―立川、国分寺―南武線―鶴見が有力と報道された(『読売』昭和31年2月25日)。

〈中略〉

　玉葉線から武蔵野線への呼称が定着し、貨物・旅客両用の必要性がいわれ、そして路線をめぐる誘致合戦が過熱してきた時期といえる。この誘致合戦が影響したためか、同32年鉄道建設審議会が、調査線だった武蔵野線を建設本決まりとし、初年度建設費1億円が配分されたときも、ルート選定は持ち越されている。なお、総工費は250億円、完成まで10か年を要するとされた。

　このころ、国鉄内部から最短距離の川口付近通過が有力視されているという話が伝わり、これに対し大宮市では先手を打って、東武鉄道の船橋―大宮間の買収に運動方針を変えていった。しかし、埼玉県当局は、我孫子―浦和―立川を要望する旨をはじめて明らかにし、以後、ルートについては国鉄当局の判断に一任され、南浦和付近をとおる案が最良とされはじめてきた。

〈中略〉

武蔵野線開通

　その後、大宮・浦和・川口の間で話は揺れ動き、着工は遅れるいっぽうであったが、その間、三河島事故にみられる常磐線の輸送の行きづまりが早期着工の機運を強めたこともあって、いよいよコース決定の段階に入っていた。柏―川口―朝霞―国分寺の路線内定し、総工費は870億円とされ、国鉄が沿線に協力要請に動き出したのは、昭和39年(1964)のことであった(『埼玉』昭和39年3月7日、『現代』232)。

　ところが、同年日本鉄道建設公団が設立され、柏―浦和ルートより南の現在のルートが発表されると、南浦和から東北線に接続する大宮間の、いわゆる「ヒゲ線」沿線住民が、貨物専用線が市街地を通過することから猛然と反発した。与野・浦和では反対期成同盟会が組織され、ルート変更や地下方式を求めて陳情を繰り返す住民運動が引き起こされたのである。そして同公団は、40年与野―南浦和間の4か所、2.3キロを地下方式にするとし、いっぽうで吉川付近に貨物操車場を建設することを明らかにした。

　昭和45年(1970)、武蔵野東線と西線が、国鉄では新幹線富士川鉄橋に次ぐ全国2番目に長い荒川鉄橋で接続され、47年完工がめざされていた。あわせて新幹線なみにＣＴＣ(列車集中制御装置)や国鉄初の自動出改札機の導入が計画され、48年1月府中本町―新松戸間で試運転が開始された。3月30日には新座駅まで往復試乗も実施され、開通式と開駅式が並行して三郷で行われた。こうして48年(1973)4月1日に念願の武蔵野線の一部開業が実現したのである。一部開業というのは、このころは新松戸駅での折り返し運転であり、西船橋までの15キロの小金線の完成は53年の予定とされていたからである。

1971年（昭和46年）

駅の骨組みが出来上がりつつあった頃の三郷駅。駅のホームの端は江戸川の土手付近まで続いており、奥に見える江戸川を渡る橋梁は既に完成していた。

提供：三郷市

三郷駅南口の駅前に店を構える書店前のバス停には、東武の路線バスが停車している。現在は都市銀行の支店なども置かれている南口付近だが、当時は店舗も少なく、駐車場スペースが広がっていた。

1975年頃（昭和50年頃）

提供：三郷市

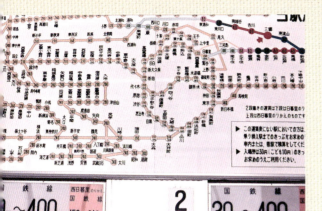

三郷駅から南流山・新松戸駅までは30円だった頃の路線図。山手線内の各駅へは、日暮里駅、西日暮里駅の乗り換えによって料金が異なっていた。

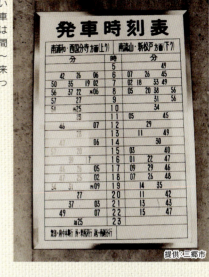

開業して間もない頃の三郷駅の発車時刻表。現在とは異なり、昼間の時間帯には1時間に1～2本しか列車が来ない時間帯もあった。

待ちに待った新線・新駅が誕生した三郷駅。花飾りが付けられた祝賀ゲートの奥では、「武蔵野線開通・三郷駅開業」を祝う記念祝典が行われていた。

1975年（昭和50年）

府中本町方面に向かって101系電車が加速をし始める。当時次の停車駅は吉川であったが、現在は新三郷と吉川美南の2つの新駅が誕生している。

73

MINAMI-NAGAREYAMA St.

南流山
みなみ　ながれ　やま

つくばエクスプレス線と接続しており、貨物輸送上も支線が分岐する重要な駅

【南流山駅】

開業年	1973（昭和48）年4月1日
所在地	千葉県流山市南流山1−25
ホーム	2面2線
乗車人員	33,280人
キロ程	55.4km（府中本町起点）

1991年（平成3年）

撮影：小川峯生

江戸川から南流山駅まで、街中に高い築堤が続く区間では法面改修工事の最中である。線路際には鋼材を組んだ仮設の架線柱が建つ。新秋津行きの快速運用に就く103系が、工事現場をソロソロと通過して行った。

　三郷駅を出た電車は、防風柵を設置した長い江戸川橋梁を渡ると、千葉県に入る。東京、埼玉に続く3都県目で、以後は終点西船橋まで千葉県内を走ることになる。

　やがて線路は県道草加・流山線、流鉄流山線と並行して共に新松戸方向を目指す。県道松戸・野田線をオーバークロスし、そのまま高架を進むと南流山駅に到着。

　南流山駅には首都圏新都市鉄道のつくばエクスプレスが乗り入れ、武蔵野線と相互接続駅になっている。地図を見ると両線はほぼ直角に交差しており、高架駅の武蔵野線に対してつくばエクスプレスは地下駅だが、快速・区間快速などすべての列車が停車する主要駅の一つで、武蔵野線との乗換客も多い。4基ある長いエスカレーター（エレベーターは2基）で乗り換えに約7分かかるものの、この駅でつくばエクスプレスに乗り換えれば北千住駅まで10分、秋葉原駅までは20分で行かれる。この利便性は捨てがたい。混雑緩和のため、その後ホームの延伸工事が行われている。

　また南流山駅は、常磐線北小金駅までの武蔵野線支線（北小金支線）、常磐線馬橋駅までの武蔵野線（馬橋支線）が分岐する、貨物輸送上のポイントとなる駅でもある。浦和同様にすべて立体交差で分岐・合流しており、貨物列車のインターチェンジの役割を果たしている。

　駅周辺は、南流山駅の開業で区画整理が行われ、閑静な住宅街が広がっている。武蔵野線と並行して走っている流鉄の鰭ヶ崎駅とは徒歩約12分の距離。松戸市の境に接し、新松戸の大規模集合住宅地も近い。

南流山駅に103系高運転台車の編成が入って来た。画面中央の中線は駅構内の先で常磐線へ続く。当駅の新松戸方には武蔵野、常磐両路線を結ぶ貨物支線があり、複雑な線路配置になっている。

現在の南流山駅の駅舎。

南流山駅には「中線」があり、貨物列車や過去には常磐線日立方面から京葉線の舞浜へ結ぶ列車などが使用した。現在では上野東京ラインの開業により、常磐線と東海道線はスムーズに結ばれている。

古地図探訪　1976年／南流山駅付近

この南流山駅付近では、武蔵野線は流鉄流山線と並行して走っている。三郷駅方向に向かう中、流山線と離れる形で西へ大きくカーブして江戸川を渡る。流山橋の南側、江戸川橋梁の先に三郷駅が存在する。一方、南東側には坂川が流れており、この川を越えた場所には「文」の地図記号が見える。これは千葉県立小金高校、松戸市立小金中学校で、1977年には松戸市立横須賀小学校も開校している。鰭ヶ崎駅の北東には東洋女子短大（現・東洋学園大学）の流山キャンパスがある。

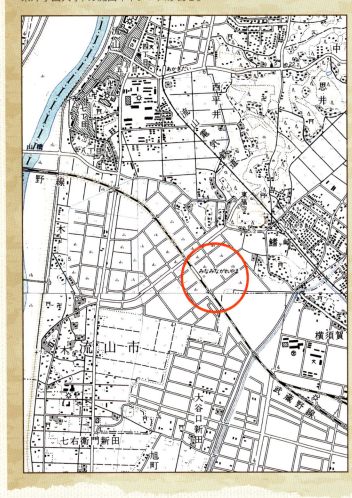

武蔵野線では機関車が車両を牽引するという鉄道の原点の姿が毎日展開されている。また常磐線方向に分岐する支線を利用して成田山初詣臨時列車が正月の時期に運行される。

1973年（昭和48年）

西船橋方面

1973年に武蔵野線が開通し、開業した南流山駅付近の空撮だが、駅の周辺は驚くほど何の建物も存在しない。左側を斜めに走る道路の地下に、首都圏新都市鉄道（つくばエクスプレス）が開通し、連絡する駅が開業するのは2005（平成17）年である。上側（地図外）には、流鉄流山線が武蔵野線と並行する形で走っている。南流山駅の北東には、1916年に開業した鰭ケ崎駅が存在し、この駅周辺の方が早く開けていた。現在は、南流山駅付近も開発され、流山市立中央図書館分館などが誕生している。

SHIM-MATSUDO St.
新松戸
かつて終着駅だったが、今は中間駅に
常磐線と接続、流鉄・幸谷駅も隣接

【新松戸駅】

開業年	1973(昭和48)年4月1日う
所在地	千葉県松戸市幸谷571-3
ホーム	2面2線(武蔵野線)、1面2線(常磐線)
乗車人員	38,438人
キロ程	57.5km(府中本町起点)

開業当時の新松戸駅の時刻表。

常磐線との連絡駅である新松戸駅付近を行く205系。多くが山手線から転入した同車両は103系に代わって以来、武蔵野線の主力となっている。行先字幕の南船橋は、武蔵野線の終点である西船橋駅より蘇我方にある京葉線の駅だ。

　新松戸は武蔵野線第一期の終着駅であった。工事期の仮称は北馬橋駅となっていたが、結局、駅名は「新松戸駅」で落ち着いた。常磐線とはほぼ直角に交差する高架駅で、終着駅となっていた当時は、現行の上り線のホームのみを使用して単線扱いで折り返しをしていた。

　その後、新松戸駅から西船橋駅まで開業、武蔵野線の全線が開通した後は、新松戸駅の始発・終着は設定されず、中間駅となった。

　武蔵野線と接続するために常磐線に新設された新松戸駅は、常磐線にとって日暮里〜取手間で最も新しい駅の登場となった。しかし常磐線の新松戸駅に停車するのは各駅停車のみ。土浦・水戸方面の中距離電車、取手、成田までの快速電車のホームはなく、南浦和駅や西船橋駅同様、乗り換えに便利な駅、とは言えない。当時の駅周辺は、現在の賑わいがウソのような田園地帯であった。駅前ロータリーが整備された西側には、流鉄の幸谷駅があり、この駅も乗り換え駅として機能している。

　新松戸駅から南東へ10分ほど歩いた高台には、戦国時代末期の天正5(1577)年創建と言われるの福昌寺がある。本尊に十一面観世音を祀るこの寺の観音堂には、明治15(1882)、旧野馬奉行綿貫氏と牧士たちによって絵馬「野馬捕りの献額」が奉納されている。

　近世、東葛地方一帯には野馬の牧場があり、この地にも「中野牧」と呼ばれる馬牧があり、幕府へ納める馬を育成していた。そして年1回の野馬捕りは庶民にも観覧が許され、当日は飲食の屋台が並んで賑わったという。この様子が描かれているのが「野馬捕りの献額」で、貴重な資料として松戸市の有形文化財に指定されている。

古地図探訪

1976年／新松戸駅付近

1973年に開通した武蔵野線とともに、常磐線、総武流山電鉄（現・流鉄流山線）の線路が見える地図であり、国鉄の2線を結ぶ連絡線も存在している。常磐線から武蔵野線の南流山駅方面に延びている2本の支線は、右上（北東）からの北小金支線と下（南）からの馬橋支線である。この当時、新松戸駅は武蔵野線の起終点駅であり、1978年に西船橋駅まで延伸し、途中駅となった。地図では右下（南西）に延びる線路が工事中を示している。この新松戸駅と連絡する形で、流山線には幸谷駅が置かれている。

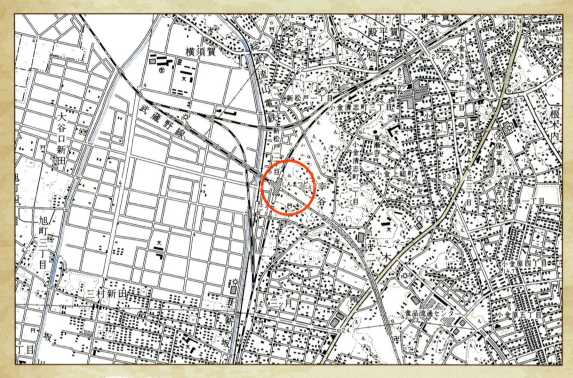

1973年（昭和48年）

駅開業の祝賀看板が掲げられた駅の入口付近。

現在

東京ディズニーランドを連想させる、丸みを帯びた前面意匠の205系は1990年京葉線に投入された。翌年には武蔵野線でも運用され、8両編成を表す前面のステッカーとともに当路線を象徴する電車となった。

撮影：山田虎雄

写真中央を上下に走る常磐線の上には、1973年、右方向に延びる府中新町〜新松戸間の武蔵野線が開業し、新松戸駅が置かれた。駅から左方向へ新松戸〜西船橋間が開業するのは1978年である。この新松戸駅の所在地は松戸市幸谷であり、北西（右上）には、既に流鉄流山線の幸谷駅が存在していた。写真上から右下に延びる流山線は、流山軽便鉄道に由来し、幸谷駅は1961年に開業した。両駅の周辺には更地が広がっているが、現在は市街地に変わり、新松戸駅前にはみずほ銀行や三井住友銀行などの支店も誕生している。

SHIN-YAHASHIRA St.
新八柱
しん　　　や　　はしら

新京成線と接続する八柱霊園の最寄駅
八柱は「八村が柱となった地」が由来

【新八柱駅】	
開業年	1978(昭和53)年10月2日
所在地	千葉県松戸市日暮1-1-3
ホーム	2面2線
乗車人員	24,495人
キロ程	61.6km（府中本町起点）

現在

新八柱駅の駅舎。写真の左手に新京成線の八柱駅がある。

現在

新京成のホームから武蔵野線の姿を見ることはできない。その新京成電鉄は昭和の初めに陸軍鉄道連隊が敷設した習志野〜松戸間の演習線を、戦後、京成電鉄が新京成電鉄を興して復活した路線である。

現在

新京成線八柱駅付近の地下部にホームがある新八柱駅。駅名の読みは新八柱が「しんやはしら」であるのに対して、先に開業した八柱駅は「やばしら」と読む。

　西船橋を目指して新松戸駅を出た武蔵野線の電車は、まもなく都市化が進む下総台地に差し掛かる。この区間は堀割を走り、水戸街道（国道6号）は高架で越えと、堀割と高架を交互に走行しながら新八柱駅に到着する。

　堀割区間に駅を設けた新八柱駅は、武蔵野線では唯一ホームがトンネルの中にある地下駅になっている。しかし、ホームの西船橋側先端部分は地上に露出しており、完全な地下駅ではない。駅舎は地上にある。隣接する新京成電鉄八柱駅は、構内続きでの相互乗換駅で、駅ビルや連絡通路を通じて雨に濡れずに行き来できる。

　駅名の新八柱は「しんやはしら」と読み、乗り換え駅となる新京成の八柱は「やばしら」と読む。駅付近より南方に広がっていた旧村名（東葛飾郡八柱村）の地名から名付けられたが、「八柱」自体の意味は、「八つの村（集落）が柱となって出来た地域」が由来。八柱は江戸時代、徳川幕府の馬の放牧場であった中野牧を管理する金ヶ作陣屋があったところでもある。牧跡は戦前、松戸の相模台にあった陸軍工兵学校の演習地となった。

　しかし、1955(昭和30)年開業した武蔵野線の新八柱駅や新京成の八柱駅を有名にしているのは、1935(昭和10)年に出来た東京都営八柱霊園の存在が大きい。総面積が105ヘクタールという広大な公園墓地で、これは東京ドーム約20個分の面積に匹敵する。園内には柔道家の加納治五郎、詩人の西条八十、写真家の土門拳、演歌歌手の松山恵子などの著名人も多く眠っている。

　八柱霊園までは駅から南に20分ほど歩くので、駅前から新京成バスが利用されている。徒歩圏内の駅としては副名に「八柱霊園」と明記された北総鉄道の松飛台駅が便利だ。いずれにしても彼岸やお盆には1日数万人の墓参者で混雑し、沿道は屋台が並び賑やかだ。

古地図探訪

1976年／新八柱駅付近

武蔵野線の延伸が完成する2年前の地図で、新八柱駅はまだ開業していない。一方、新京成線には、松戸新田、みのり台、八柱、常盤平の4駅が、比較的短い区間に置かれている。このうちの八柱駅が、国鉄の新八柱駅との連絡駅となる。この駅付近では、東西を走る埼玉県道281号と、南北を結ぶ県道51号が走っている。駅の北西（左上）には松戸運動公園が存在し、地図上に陸上競技場、野球場が示されている。その北西（左上）には、専修大学松戸高校、松戸市立上本郷小学校が存在する。

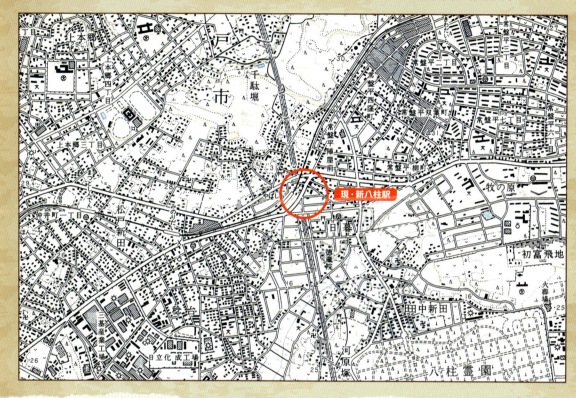

2003年
（平成15年）

新松戸〜新八柱間で、府中本町方面行きの車内から対向列車を望む。宅地化が進む沿線だが、千駄堀地区の緑地公園や点在する寺社の境内等、車窓を木々の緑が流れる場所は現在も多い。

撮影：小川峯生

HIGASHI-MATSUDO St.

東松戸
ひがしまつど

北総線の連絡駅として平成10年に新設
成田空港へ乗換駅としても脚光を浴びる

【東松戸駅】

開業年	1998（平成10）年3月14日
所在地	千葉県松戸市東松戸1-143
ホーム	2面2線
乗車人員	19,586人
キロ程	64.0km（府中本町起点）

現在

東松戸駅の駅舎入り口付近。

2003年（平成15年）

東松戸駅の西船橋方面行きホームから、府中本町行きの列車を見送る。東松戸駅から新八柱方面へ延びる高架線路は、紙敷地区に現在も残る大きな森影へ、緩やかな曲線を描きながら消えていく。
撮影：小川峯生

2003年（平成15年）

ゆったりとした東松戸駅のホームに武蔵野線開業30周年の記念ヘッドマークを掲げた103系が入線して来た。背後でホームを跨ぐ高架線路は北総鉄道北総線。
撮影：小川峯生

　武蔵野線東松戸駅の所在地である松戸市紙敷は、1978（昭和53）年10月、武蔵野線新松戸〜西船橋間が開通した当時は、国分川支流の谷津田と農家があるだけの閑散地で、駅は設置されなかった。ところが1991（平成3）年、千葉県がバックアップして誕生した北総開発鉄道（現・北総鉄道）が開通、この地域に東松戸駅を建設したことで流れが変わってきた。しかし実際に武蔵野線の東松戸駅が開設されたのは、1998（平成10）年3月14日。長い期間、空白だった最大の理由は、北総鉄道の乗客数が全く伸びなかったことにある。北総鉄道は「日本一運賃が高い路線」と揶揄され、運転間隔も、日中は30分に1本程度（現在は20分に1本）で、当時は各駅停車しかなかったからだ。駅周辺の開発も遅々として進まなかったが、その後、千葉県や松戸市などの公共団体、地元住民の請願により、建設費の一部を松戸市も出資することで武蔵野線の新駅・東松戸駅の建設が決定した。

　工事に着手したのは1996（平成8）年だが、この区間は土盛の上に線路が敷かれており、高架駅にするには、仮線を設けて盛り土を切除、高架橋を設けた後に仮線跡にホームを建設するという煩雑な工事行程が必要で、3年の工期を費やし、ようやく開業することが出来た。
　だが当初の予想通り開業後の駅の利用率は低迷。1日乗車数は2005（平成17）年まで武蔵野線内で最下位だった。しかし近年は駅周辺に大型マンションなどが増え、急激に利用者が増加。北総線も20倍もの増加率で、しかも路線を2010（平成22）年7月に成田空港まで延伸。
　京成電鉄の成田空港線（成田スカイアクセス）の開業により東松戸駅には空港行きのアクセス特急が停車することが決まった。これにより東松戸駅は、武蔵野線沿線から成田空港へ乗り換え駅として脚光を浴びる存在になった。

古地図探訪

1976年／東松戸駅付近

武蔵野線が開業する2年前の地図であり、北総線もまだ開通していない。このあたりは松戸市の南東部分であり、右下(南東)は市川市である。この後、右(東)側では松戸市と市川市の境目付近を北総線が走ることとなり、1991年に松飛台、大町駅が開業する。一方、JRの東松戸駅はこれから7年遅れて、1998年に開業する。武蔵野線の左(西)側には千葉県道51号が走っている。地図の下(南)側には、国立松戸療養所(現・福祉医療センター東松戸病院)が存在する。

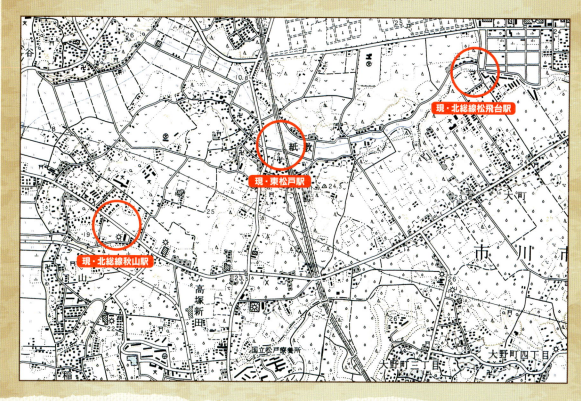

武蔵野線オリジナルの205系。現在、武蔵野線(むさしの号・しもうさ号、中央線・京葉線)以外では、仙石線、日光線、東北本線宇都宮地区、南武支線、鶴見線、相模線、川越線、八高線、阪和線で運行されている。

2003年（平成15年）

撮影：小川峯生

ICHIKAWAONO St.
市川大野
松戸と市川の市境の台地に生まれた駅
東松戸駅との駅間距離は1.9キロと最短

【市川大野駅】

開業年	1978（昭和53）年10月2日
所在地	千葉県市川市大野町3－1423
ホーム	2面2線
乗車人員	11,768人
キロ程	65.9km（府中本町起点）

現在の市川大野駅の駅舎。右ページ下の写真とは線路を挟んで反対側。

このホームからは京葉線経由東京行きも発着するが、京葉線の東京駅は有楽町寄りに離れている。そのため新幹線や他の在来線との乗り換えに時間がかかるのが玉にキズである。

当駅はホームに「中線」があり、道床にはコンクリートのスラブ軌道が採用されている。市川と冠する駅は海岸に近い武蔵野線も直通する市川塩浜駅や、永井荷風の世界観がある、京成線の市川真間駅もある。

　昭和53年の10月2日に開設された市川大野駅は、隣駅の東松戸駅との間が1.9キロと、武蔵野線の中では武蔵浦和～南浦和と同様、駅間距離が短い。

　この駅が新設された理由ははっきりしないが、当時、千葉県は、都営地下鉄新宿線と直通運転でつながる鉄道を計画していたが頓挫。市川大野駅はその路線の接続駅となる予定を見込んで早々に造られたものだという。

　東松戸駅と市川大野駅のちょうど中間ぐらいで国道464号が武蔵野線を横切っているが、この辺りは松戸市と市川市の市境がある台地で、全国でも有数の梨の産地として知られている。特に市川市の大町地区は梨農家が多く点在し、この地域を走る国道464号は「大町梨街道」と呼ばれている。春の開花期には白い花が咲き、夏から秋の収穫期にはたわわに実る梨が見事だが、堀割を走る武蔵野線からは目にすることができない。

　そして市川大野駅は台地に入り込んだ細長い谷津の先端部に位置している。谷あいにつくられた駅だけに駅前広場はなく、改札口を出ると目の前はバス道路。スペースに余裕がない分、朝夕は混雑する。

　駅周辺には、徒歩5分圏内に「万葉植物園」がある。この植物園は、大野緑地内の平坦部に万葉集ゆかりの花木類約200種類を集めた和風庭園を設け、万葉集に詠まれている植物と和歌をともに展示しているのが特徴だ。園内には、池・東屋・藤棚などが配置され、落ち着いた雰囲気を醸し出している。

　また、駅前から市川市のコミュニティバスで約15分のところには、レッサーパンダやニホンザルなどの小動物を飼育している市川市動植物園もある。

古地図探訪

1976年／市川大野駅付近

市川大野駅が開業する2年前の地図であり、武蔵野線(予定)の上には駅の位置が示されていない。武蔵野線の右(東)側を走る千葉県道9号から、左(西)側の松戸市方向に延びる道路の上(北)側に駅が置かれることになる。駅所在地の南側、線路を挟んで見える2つの「文」の地図記号は、市川市立大柏小学校と第五中学校である。駅のすぐ西側は松戸市で、左上(北西)に国立松戸療養所(現・福祉医療センター東松戸病院)が存在する。駅から離れた右(東)側は鎌ケ谷市である。

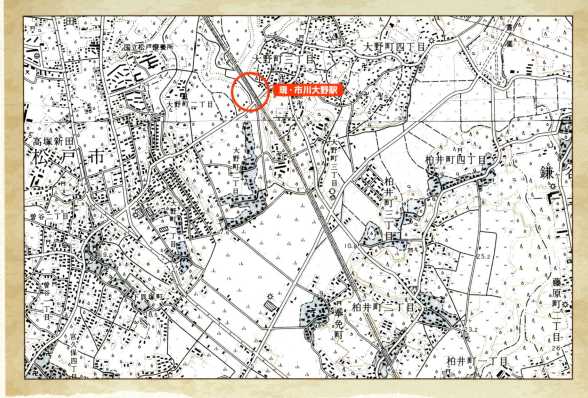

1987年（昭和62年）

駅開業から9年目の駅舎。現在は写真の駐車場にビルが建ち、駅舎全体を見渡すことはできない。

撮影：荒川好夫（RGG）

FUNABASHIHOTEN St.
船橋法典
ふなばしほうてん

副駅名も「中山競馬場前」と明記した
専用地下道がある中山競馬場の最寄駅

【船橋法典駅】

開 業 年	1978（昭和53）年10月2日
所 在 地	千葉県船橋市藤原1−27−1
ホ ー ム	1面2線
乗車人員	18,541人
キロ程	68.9km（府中本町起点）

現在

国鉄時代最後の時代の高性能化車205系。山手線など一時代活躍し引退した線は他に京浜東北・根岸線、中央・総武緩行線、南武線、横浜線、埼京（赤羽）線、京葉線、京阪神緩行線などがある。船橋法典駅ホーム。

現在

現在の船橋法典駅。開業当時の副駅名であった「中山競馬場前」の表記はなくなっているものの、開業時の面影を留めている。

　武蔵野線は"ギャンブル線"などと揶揄される。というのも、沿線の西の端には府中競馬場、東の端には中山競馬場があり、その間、さまざまなギャンブル場が点在しているからだ。西からざっと挙げると、多摩川競艇、京王閣競輪、立川競輪、西武園競輪、浦和競馬、川口オート、戸田競艇、松戸競輪、船橋競馬、船橋オートなど。東京、埼玉、千葉の公営ギャンブル場のほとんどが沿線に集中している、と言っても過言ではない。
　1978（昭和53）年10月2日に開設された船橋法典駅も中山競馬場の最寄駅だ。それ以前は、京成電鉄本線の東中山駅が最寄駅だった。そして東中山駅は現在も快速停車駅で、競馬開催日には一部特急も停車し、駅前から臨時バスが競馬場との間を往復させている。
　一方、船橋法典駅は、競馬場専用の出入口と競馬場への専用地下通路までも整備。副駅名もかつて東中山駅が名乗っていた「中山競馬場前」を明記し、名実ともに、すっかりお株を奪ってしまった。平日の昼間は乗降客も少ないが、競馬開催日には、上下線のホーム共に、人、人、人であふれかえる。ホームの南端に設けられた競馬場専用口は、開催日や場外発売日には、競馬場内につながる地下通路（ナッキーモール）で直接行かれる。
　船橋法典駅の東にある藤原町一帯は、江戸時代に藤原新田と呼ばれた開拓地であった。その後、上山新田、丸山新田の3村が合併して「法典村」になったが、1937（昭和12）年の船橋市誕生に伴い、自治体として消滅した。法典という仏教的な言葉がなぜ地名になったかは、明らかにされていないが、現代の武蔵野線の駅名として「船橋法典」が受け継がれている。

古地図探訪

1976年／船橋法典駅付近

左（西）側に日本中央競馬会中山競馬場、右（東）側に旧海軍無線電信所船橋送信所が置かれていた、環状道路に囲まれた行田町が見える。その間、環状道路の端にかかる形で、武蔵野線（予定線）が通っている。この上（北）側、木下街道（千葉県道59号）と交わる場所に1978年、船橋法典駅が置かれることになる。左下（南西）には、日蓮宗の大本山、中山法華経寺があり、門前町が広がっている。行田町には、税務大学校東京研修所が見え、現在は行田公園も開かれている。

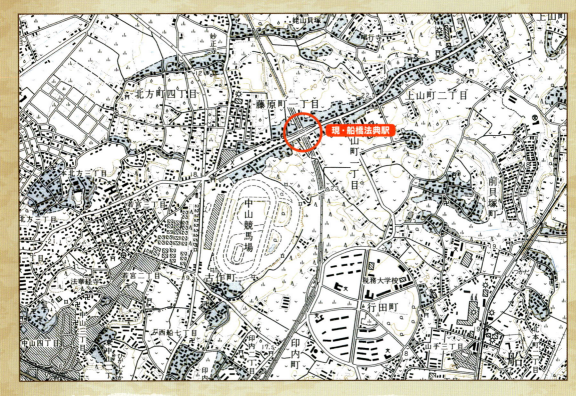

「中山競馬場前」と書かれていた頃の船橋法典駅。外観は現在と変わらないが、壁の色や駅名の表示などが異なっている。

1987年（昭和62年）

撮影：荒川好夫（RGG）

NISHI-FUNABASHI St.
西船橋
武蔵野線の終点で、乗り換え客が多い
3社5路線が乗り入れる千葉の主要駅

【西船橋駅】	
開業年	1958(昭和33)年11月10日
所在地	千葉県船橋市西船4-27-7
ホーム	2面4線(武蔵野線・京葉線) 2面3線(総武本線)
乗車人員	136,067人
キロ程	71.8km(府中本町起点)

現在

高架ホーム12番線に停車している京葉線直通列車。東京行きは左隣の11番線から発車する。また、京葉線東京〜西船橋間の線内列車も少数だが運行されE233系5000番台(ワインレッド帯)が使用される。

　西船橋駅は、総武本線の駅として、1958(昭和33)年11月10日に開業した。そして1969(昭和44)年3月に営団地下鉄(現・東京メトロ)の東西線、1978(昭和53)年10月に武蔵野線、1986(昭和61)年3月に京葉線、1996(平成8)年4月に東葉高速線と、それぞれ3社5路線がこの駅に乗り入れている。武蔵野線の終点駅というよりも千葉県内の主要駅の1つ、というイメージのほうが強い。

　また武蔵野線としては終点だが、多くの列車が京葉線に乗り入れるため、隣駅の表示は「南船橋」と「市川塩浜」になっている。

　ホームは、地上の2面3線(1〜4番線)を総武線、3階の2面4線(9〜12番線)を武蔵野線と京葉線が共用し、地上2面4線(5〜8番線)を東西線と東葉高速線が共用している。合計すると12番線も有する巨大駅だ。

　利用状況も、2016年度の1日平均乗車数は、JR東日本で136,067人、東京メトロで289,430人、東葉高速鉄道は56,373人(2015年度)。合わせると1日延べ48万1870人もの人がこの駅を利用していることになる。乗り換え客が多いので常に混雑する駅になっている。

　武蔵野線の西船橋駅は、もともと中山競馬場への最寄駅として開設されており、北隣に船橋法典駅が開業してからはその役割が低下したが、競馬開催日などには、北口から京成バスによる臨時シャトル直通バスが中山競馬場まで運行されている。

　駅舎は当初より橋上駅舎で、東西線・武蔵野線の乗り入れにより、2階コンコースが拡張された。また、平成17(2005)年には駅舎がリニューアルされ、近代的な駅にイメージチェンジした。コンコース内には駅中商店街である「Dila西船橋」がオープン。2〜3階にもしゃれた飲食店や書店などが入店して賑わっている。

古地図探訪

1955年／1976年／西船橋駅付近

　中央やや上には西船橋駅が置かれ、総武線が東西に走っている。また、地下鉄東西線が左下（南西）に延びている。武蔵野線はまだ開通前で、上（北）側の船橋法典駅方面への工事が進行していた。総武線の上（北）側には、国道14号が通り、さらに京成本線が走っている。京成本線には、東中山、葛飾、海神の3駅が置かれている。葛飾駅は1987年に京成西船駅と改称している。下（南）側には京葉道路が見える。一方、戦前の地図では、東西線の路線はなく、京葉道路も開通していない。西船橋駅が開業する前であり、駅の南側は道路も整備されておらず、現在とは比べられないほど家屋も少なかった。

1955年

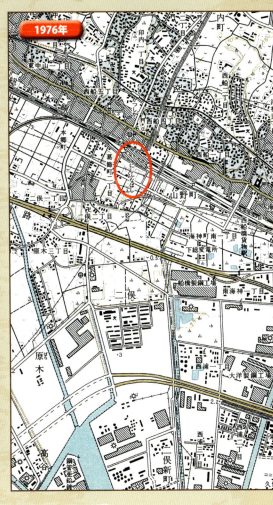

1976年

現在

現在の西船橋駅北口。92ページ下の開業当時の構造が原形となっている。

現在

武蔵野線の旅はここで終了。ここから電車は京葉線区間に乗り入れる。

西船橋駅開業を控えた付近の光景。当時は駅前に田畑が広がり、総武線の電車が走り抜けていた。

1958年、総武線に新たな駅が誕生し、新しい街ができた西船橋駅の駅前風景。駅入り口から続く道路の両側には、緑門（ゲート）が設けられ、商店が建てられている。

西船橋駅の北口。エレベーターもエスカレーターもない時代、高齢者にとって高架駅の利用は階段の昇り降りが一苦労であった。

1967年（昭和42年）

駅周辺にはまだ農地が多く残っていた頃の西船橋駅。1969年の営団地下鉄東西線開通に向けて、西松建設が担当する駅改良工事が始まっていた

1968年（昭和43年）

西船橋駅で下車し、駅舎の階段を下りてくるサラリーマンたち。通勤・通学客を迎えるたくさんの路線バスが駅前広場、道路に並んでいる。

1968年（昭和43年）

西船橋駅では、翌年（1969年）の営団地下鉄東西線の開業に向けて、新たなホームの建設工事が進められていた。右側の総武線ホームには、各駅停車が停車している。

1978年
（昭和53年）

高架駅となる武蔵野線のホームが姿を見せつつあった頃の西船橋駅の駅前風景。建設工事のための資材が積まれ、宿舎・休憩所のプレハブ小屋が建てられている。

提供：船橋市

1985年
（昭和60年）

冬服、コート姿の男女がいる西船橋駅の階段。壁や屋根のない吹きさらしの広い階段を、それぞれの思いで上り下りする人々の姿があった。

提供：船橋市

1991年
（平成3年）

駅前広場を囲むように商店、ビルが建ち並ぶようになった西船橋駅。広場中央のバス乗り場も屋根などが整備されている。早くから店を構えていた不二家は、屋根の姿が変わっている。

提供：船橋市

山下ルミコ（やましたるみこ）

郷土史研究家。産経新聞社、サンケイリビング新聞社等の記事執筆を長年にわたり続ける。主な著書に『東武伊勢崎線・日光線 街と駅の1世紀』（彩流社）、『足立区 大人の歴史散歩』（リブロアルテ）、共著に『東京今昔散歩』（JTBパブリッシング）『東京メトロ東西線、都営地下鉄新宿線 街と駅の半世紀』（小社）など多数。

【写真提供】

小川峯生、荻原二郎、荒川好夫（RGG）、河野豊（RGG）、高橋義雄、松本正敏（RGG）、武藤邦明（RGG）、森嶋孝司（RGG）、山田虎雄

越谷市、さいたま市、所沢市、船橋市、三郷市、朝日新聞社、毎日新聞社

【執筆協力】

牧野和人（鉄道写真の解説）
生田誠（地図解説、空撮写真の解説等）

武蔵野線
街と駅の半世紀

発行日	2017年9月5日　第1刷　※定価はカバーに表示してあります。
著者	山下ルミコ
発行者	茂山和也
発行所	株式会社アルファベータブックス
	〒102-0072　東京都千代田区飯田橋2-14-5 定谷ビル
	TEL.03-3239-1850　FAX.03-3239-1851
	http://ab-books.hondana.jp/
編集協力	株式会社フォト・パブリッシング
デザイン・DTP	柏倉栄治
印刷・製本	モリモト印刷株式会社

ISBN978-4-86598-829-1 C0026
なお、無断でのコピー・スキャン・デジタル化等の複製は著作権法上での例外を除き、著作権法違反となります。